国网安徽省电力有限公司内部市场化管理理论与实践

——基于多维精益的视角

国网安徽省电力有限公司
合肥工业大学经济学院   编著

合肥工业大学出版社

图书在版编目(CIP)数据

国网安徽省电力有限公司内部市场化管理理论与实践:基于多维精益的视角/国网安徽省电力有限公司,合肥工业大学经济学院编著.—合肥:合肥工业大学出版社,2024.7

ISBN 978-7-5650-6494-4

Ⅰ.①国…　Ⅱ.①国…　②合…　Ⅲ.①电力工业—工业企业—市场管理—研究—安徽　Ⅳ.①F426.61

中国国家版本馆 CIP 数据核字(2023)第 206639 号

国网安徽省电力有限公司内部市场化管理理论与实践
——基于多维精益的视角

国网安徽省电力有限公司 合肥工业大学经济学院	编著	责任编辑　王钱超	
出　版	合肥工业大学出版社	版　次	2024 年 7 月第 1 版
地　址	合肥市屯溪路 193 号	印　次	2024 年 7 月第 1 次印刷
邮　编	230009	开　本	710 毫米×1010 毫米　1/16
电　话	人文社科出版中心:0551-62903205	印　张	9.25
	营销与储运管理中心:0551-62903198	字　数	171 千字
网　址	press.hfut.edu.cn	印　刷	安徽联众印刷有限公司
E-mail	hfutpress@163.com	发　行	全国新华书店

ISBN 978-7-5650-6494-4　　　　　　　　　　定价:58.00 元

如果有影响阅读的印装质量问题,请与出版社营销与储运管理中心联系调换。

编 委 会

前　　言

　　中国经济发展正处于提质增效的转型时期，国有企业提质增效的内在要求尤其迫切。习近平总书记在党的二十大报告中强调：推动经济实现质的提升和量的合理增长。自2020年开始，为贯彻落实国家电网公司的工作要求，国网安徽省电力有限公司形成具体改革举措，谋划建立效益效率导向的激励机制，引导各单位建立完善的内部模拟市场考核体系，不断增强经营意识，完成提质增效创新发展的总体目标任务。

　　国网安徽省电力有限公司财务资产部牵头，建立内部模拟市场考核体系，经过四年多的不断完善和拓展，已形成一套可复制、可推广、可持续的科学管理体系。该体系在运营期间，取得了良好的社会效益和经济效益，为推动地方台所提质增效提供机制保障。

　　"他山之石，可以攻玉。"国网安徽省电力有限公司详细梳理了内部市场化管理机制框架，应用实践和应用效果，并附以一些具体的实操场景和案例，方便各兄弟单位在国网体系内相互交流，引导大家各抒己见，进一步提升和完善内部市场化管理机制。

　　本项目是由国网安徽省电力有限公司联合合肥工业大学经济学院共同完成的。具体编写人员分工情况如下：全书由吴斌、张根文、王立平共同组织编著完成，陈康、朱海飞、吴叶敏、陈园园、何欣妍、卜训长、曾苗分别执笔完成第一章至第七章内容，张雨芊、史小红、吕震宇、纪淼、孙敏、张谢等参加了前期资料的收集与整理工作。

　　所有参与编写本书的专家都付出了巨大的心血，在此表示衷心感谢。希望借此推动国家电网公司内部考核体系建设，以实现提质增效的目的。衷心希望广大读者能够提出宝贵意见，以便进一步改进提升质量。

编　者

2024 年 7 月 7 日

目　　录

第一章
概　述

　　根据国网安徽省电力有限公司党委要求，贯彻落实国家电网公司的工作要求，财务资产部牵头研究建立效益效率导向的激励机制，引导各单位通过建立完善的内部模拟市场考核体系，不断增强经营意识，支撑公司高质量跨越式发展。经过四年多的不断完善和拓展，已形成一套可复制、可推广、可持续的科学管理体系。

第一节 电力市场化改革的国家背景

回顾历史，我国电价形成机制承载着各方利益诉求，影响着电力行业发展格局，改革进程难度最大、争议最多。改革开放 40 年以来，我国电力工业发展取得了举世瞩目的伟大成就，其中电价改革功不可没。我国电力市场化改革大致经历了五个阶段：计划经济阶段（1949—1978 年）、改革探索阶段（1978—1997年）、政企分离阶段（1997—2002 年）、厂网分离阶段（2002—2015 年）、市场化推进阶段（2015 年起至今）。"十四五"是实现碳达峰、碳中和目标的关键期和窗口期，是深化电力体制改革、构建新型电力系统的战略决胜期。在电力市场化改革不断深化，国资国企监管日趋严紧，电力行业整体转型升级的大背景下，电网企业面临着由外到内的压力和动力，各地区电网企业竞相奋发图强，因地制宜地尝试着自我改革与创新管理的新思路、新模式、新技术。

一、电力市场化改革历程

1949 年中华人民共和国成立后，电力工业管理体制历经燃料工业部、电力工业部、水利电力部、能源部等多次变迁，直到 1993 年成立电力工业部。1997年成立国家电力公司，与电力工业部实行"一套班子两块牌子"运行模式。2002年，国务院实施电力体制改革，决定在原国家电力公司部分企事业单位基础上组建国家电网公司，由国务院授权中央管理，作为原国家电力公司管理的电网资产出资人代表。至此，国家电网正式走上历史舞台。2002 年《国务院关于印发电力体制改革方案的通知》（国发〔2002〕5 号）中明确：国家电力公司被拆分，其中电网资产重组为两大电网（国家电网、南方电网），国家电网设立华北（含山东）、东北（含内蒙古东部）、西北、华东（含福建）、华中（含重庆、四川）电网公司，南方电网经营区为云南、贵州、广东、广西、海南等五省（自治区）以及港澳地区。内蒙古电力（蒙西电网）得以组建，经营区为内蒙古自治区除赤峰、通辽、呼伦贝尔、兴安盟（该四地属蒙东电力）之外的八个盟市。

中华人民共和国成立之后，在电力体制改革的主导下，中国电网几经变革，大致沿着"政企分离、厂网分离、主辅分离、输配分离"的方针路线前进，直至形成今天的格局。

(一) 计划经济阶段

1949—1978 年：中国电力工业管理体制历经燃料工业部、电力工业部和水利电力部三个时期。这三个时期具有浓厚的时代特色，属于完全的行政管理机制。

(二) 改革探索阶段

1978—1997 年：十一届三中全会胜利召开之后，中国电力工业管理体制开始进入改革探索阶段，历经电力工业部、水利电力部、能源部、电力工业部四个时期。可以看到，这个时期的中国电力工业还是带有强烈的行政管理属性，但此时中国已经开始布局探索"政企分离"的实现路径。

(三) 政企分离阶段

1997—2002 年：1997 年 1 月，成立国家电力公司，与电力工业部实行"一套班子两块牌子"运行模式。1998 年，撤销电力工业部，国家电力公司以企业形式独立运作，开始实现"政企分离"。国家电力公司通过"发、输、变、配"全过程掌控全国电网的运行。

(四) 厂网分离阶段

2002—2015 年：2002 年，国家电力公司被拆分成国家电网公司和南方电网公司，成立了华能、华电等五大发电集团，还组建了第三大电网企业内蒙古电力。至此，国家电网开始以"国家电网公司"的招牌开展工作，管理链条缩减为"输、变、配"，经营区域为 26 个省（直辖市、自治区）。

(五) 市场化推进阶段

2015 年起至今：2017 年国务院实施中央企业公司制改制工作，公司由全民所有制企业整体改制为国有独资企业，公司名称变更为"国家电网有限公司"。《中共中央国务院关于进一步深化电力体制改革的若干意见》（中发〔2015〕9号）确定了"三放开、一独立、三强化"的改革基本路径以及"放开两头、管住中间"的体制框架。国家电网坚定不移全面深化改革，实施创新驱动发展战略，充分激发活力动能，以改革创新成效推动电网高质量发展，积极推进企业内部管理变革，提高投入产出效率，大力提质增效。

二、电网企业管理改革方向

实施电力体制改革后，电网企业将改变其在市场竞争中的地位，并面临更加多样化的市场竞争环境。为了提高市场竞争力，电网企业需要让内部管理更加科学化、标准化，以使企业管理水平与现代企业治理要求更好地匹配。值得注意的是，电网企业缺乏有效的集成客户管理方法，企业各部门之间协调不力，面向最终客户的业务部门、专业支持部门和综合安全部门在信息传递和业务连通性等诸多方面存在着某些障碍。电网企业若希望这一制度改革能够进一步深化，迫切需要建立以市场为导向的人才队伍，提高企业用工的活力，增强市场竞争力。

2022 年，国家发展改革委、国家能源局印发《关于加快建设全国统一电力市场体系的指导意见》（发改体改〔2022〕118 号，以下简称《指导意见》），是继 2015 年《中共中央国务院关于进一步深化电力体制改革的若干意见》（中发〔2015〕9 号，以下简称"9 号文"）和 2002 年《国务院关于印发电力体制改革方案的通知》（国发〔2002〕5 号，以下简称"5 号文"）之后，我国电力市场建设的最新纲领性文件。《指导意见》明确提出了我国统一电力市场体系的总体目标——到 2025 年初步形成有利于新能源、储能等发展的市场交易和价格机制，到 2030 年基本建成全国统一电力市场体系。

（一）全国各地省网公司管理改革风起云涌

围绕提质增效专项行动，聚焦效率效益提升，各单位积极探索内部模拟市场建设，深化全面预算绩效评价和业绩考核体制，通过精准评价内部各级组织的价值贡献，实施精准考核、精准激励，引导各层级、各专业更加注重强管理、比贡献、提质效，形成了一批各具特色的创新实践。例如：江西公司——创新"概念收益"，精准激励增量贡献；河北公司——盈利负债双模拟、百县千所全覆盖；江苏公司——突出效益高质量、管理高效能，打造"双效型"内模市场；福建公司——聚焦创效微单元，打造"四级"价值传导链条；辽宁公司——打造"Ｖ型价值传导体系"，实施"一模拟、两评价、三挂钩"运行机制；陕西公司——深耕内模市场"试验田"，打造立体工作模式。

（二）国网安徽省电力有限公司内部市场体系建设如火如荼

国网安徽省电力有限公司内部市场体系建设，主要依托多维变革建设的数据链路、业务维度，量化各级经营主体质效贡献，并配套市场化激励措施，驱动各级管理层、一线员工树牢"价值创造"理念，主动创效、精益增效、花钱问效。围绕"体系搭建、贯通数据、建立机制、推广应用、常态运行"五个方面工作，按照"试点一批、建设一批、边建边用、以用促建"分层分步推进。2020 年，国网安徽省电力有限公司完成电网主业单位 1—3 级内部市场建设，在合肥、池州、滁州、淮北、黄山、宿州六个供电公司试点供电所 4—5 级内部市场研究；2021 年，完成供电所 4—5 级内部市场推广建设，试点输、变、计量专业 4—5 级内部市场研究；2022 年，完成输、变、计量专业 4—5 级内部市场推广建设，试点支撑单位内部市场研究；2023 年，完成支撑单位内部市场建设；2024 年，内部市场体系常态化运行。

第二节　内部市场化管理的理论基础

一、内部市场化管理概念

(一) 概念

内部市场化管理是指把市场化机制引入企业内部，在企业高层管理总体调控之下，使企业上下流程、上下工序和存在服务关系的部门、单位之间，从原来行政手段推动下的彼此分工协作变为买卖关系、有偿服务和契约关系，模拟反映内部经营主体的实际投入产出情况。

相对于企业外部市场而言，内部市场化管理借助外部市场交易的原则，将市场经济的价值规律运用到企业内部管理，以经济结算关系代替企业内部的分工协作关系或行政隶属关系，形成以经济结算为主，行政命令为辅助的管理方法，从而使企业每一个内部单位都转变成经济单元，充分体现人的经济属性和经济价值，调动劳动者的生产积极性。

(二) 特点

一是利用市场经济、价值规律，以价格为纽带，统一结算方式，将企业内部工序与服务关系转变为等价交换的经济往来关系；二是用价格结算的方式解决企业内部资源分配难题；三是个人收入上不封顶，下不保底，从而最大限度地挖掘人、财、物的潜力；四是对企业内部具有相同经营特征的微观主体设置评价规则，实现主体间横向可比。

(三) 作用

一是在企业内部树立"全民创效、花钱问效"的经营理念；二是克服国有企业内部组织机构臃肿、缺乏活力的弊端，提高全员劳动生产率；三是以内部市场利润指导企业资源配置，实现企业经济效益最大化。

二、内部市场化管理必要性

(一) 内部市场化管理是时代发展的必然产物

随着社会和经济发展的进步，企业管理重心发生了重大变化。一方面，随着知识型劳动在企业价值创造中所占比例显著提升，对劳动价值的评价变得更加困难；另一方面，在信息化企业环境下，基层员工每日处理海量业务数据，从数据中提炼企业经营状况的过程日趋复杂。新时代企业管理的定位，要求对企业内部主体之间的经营关系进行分解，需要借助内部市场化方法推进精益管理。

（二）内部市场化管理是现代管理的必然选择

当前大型企业所处的复杂外部环境对企业组织变革产生了强大的压力和推动力。企业员工在企业的组织框架下相互影响、相互作用，形成非常复杂的正式关系和非正式关系，从而共同形成企业整体的目标体系。现代企业管理应该形成一种机制：激发企业每个员工的工作积极性，识别和满足企业成员的各种不同需求，在个人目标能够实现的前提下，约束和规范每个成员的行为，使个人目标实现有利于企业整体目标的实现。

（三）内部市场化管理是提质增效的内在要求

国有企业作为国民经济的主导力量，是中国特色社会主义经济发展的"顶梁柱"，为中国经济稳定发展提供了必要的支撑。面对国内外复杂严峻的形势，国有企业更应聚焦提高效率、提升效能、提增效益、做强做优。随着国有企业的不断发展，管理中出现许多突出问题，如企业负担过重、负债过多、人员过剩、资产闲置，技术水平和管理效率低下，企业经营者选拔激励机制缺乏等方面的问题。内部市场化管理可以降低生产成本、提增经营效益、提高生产效率、促进多元发展、提供优质服务，落实企业提质增效的总体目标。

第二章
国内外企业内部市场化管理典型案例

本章选取了三个比较典型的国内外大型企业作为内部市场化管理的案例，分别为日本航空公司的阿米巴模式、索尼公司的模拟"公司"制和中国石化内部市场化管理。这三种模式虽然在具体的实施方法上有所不同，但它们的本质都是推行市场化，将市场机制引入企业内部，变革企业的组织形式，增强企业活力。

第一节 日本航空——阿米巴模式

一、公司概况

日本航空公司原为日本的国有航空公司，同时为寰宇一家的成员之一，并以东京成田国际机场（国际线）及东京羽田国际机场（国内线）为主要据点，服务于世界各地的 229 个航点。它曾是日本国内规模最大的航空公司，其总部设立于日本东京品川市。

它成立于 1953 年，当时是由日本政府立法组建的国有航空公司。1954年，日航开设了第一条前往美国的跨太平洋国际航班。历经 30 多年的经营扩展，（1987 年）日本航空正式实现完全民营化。2002 年，日本航空与当时的日本第三大航空公司日本佳速航空合并。2008 年，日本航空乘客量为 5000 万。在宣布申请破产保护前，日本航空是日本规模最大及载客人数最多的航空公司。但在 2010 年，这所具有将近 60 年历史、曾被视为战后经济繁荣象征的航空公司负债高达 2.32 万亿日元。在这种情况下，日本航空公司不得不宣告破产。

二、建设背景

从 20 世纪 90 年代开始，日本航空实行多元化的经营管理策略，业务涉及多个行业，从航空运输服务扩展到旅游服务、餐饮酒店服务、贸易流通服务等。据相关统计，2005 年日航集团公司总数就已经达到 385 家，从表面上看集团实力很强。

实际上，日本航空内部存在很多致命的问题。首先，日本航空飞行成本和人工成本高昂，公司不仅拥有众多高耗能的大型飞机，飞行成本居高不下，而且拥有庞大的职工规模，公司员工人数高达 5 万多名，劳动力成本远高于其他航空公司；其次，日本航空的经营管理方式散漫，忽视成本效益，成本意识缺乏，管理体制僵化。在完成民营化后，日本航空在很大程度上还是为日本政府服务，市场意识薄弱，许多投资策略都不以企业自身经营活动为出发点而是受日本政府的影响，实质上仍是政企不分的半国有化企业。例如，为帮助政府拉动就业，公司开辟许多没有利润的航线，导致日航整体效益下降、负债日益加剧。再次，日本航空内部官僚之风盛行、中高层外行领导的投资决策失误不断，一味追求多元化策略，不分主次，缺乏重点，盲目扩展业务，不考虑市场需求和企业成本，不但亏损严重，而且影响其主营业务的发展。最后，日本航空管理体系混乱、上下部门相互割裂，在这种情况下，高层管理部门很少深入一线与底层员工进行沟通交流，只顾发号施令，许多基层员工也是人浮于事，习惯于这种"金饭碗"带来的安稳，工作效率低下，这种割裂的管理体系导致经营决策者根本无法迅速掌握公司的运营情况。除此之外，全球金融危机、油价、突发性事故也对高度敏感的国际航空造成严重冲击，加上日本持续低迷的经济环境和日本高速铁路的发展都使得本土航空市场需求严重不足。在国内外因素的综合影响下，日本航空最终走向破产。为了挽救危难关头的日本航空，日本政府任命有"经营之圣"之称的稻盛和夫为日航董事长，对日本航空进行改革。

三、具体做法

阿米巴模式来源于一种单细胞生物"变形虫"，它的核心就是将整个公司划分为许多个被称为阿米巴的小型核算单元，每个小型核算单元都作为一个独立的利润中心，进行独立经营。这种小型核算单元具有更强的灵活性，从而提高企业的生命力和战斗力。

（一）航空公司组织架构的优化

公司组织架构的优化是阿米巴模式的重要内容。阿米巴模式需要打破组织机构界限，将组织划分成若干个经营体来模拟市场化运作，这些经营体可以单独地进行收益核算，并明晰他们的责、权、利，每一个人都对自己及所在的经营体负责。稻盛和夫在推崇组织改革的过程中遵循以下原则：

1. 符合公司发展的基本思想和价值观

破除长期以来形成的官僚主义风气，不断开展各种形式的培训工作，扭转员工的惯性思维和习惯，激发干部员工潜力，树立使命感和责任感，依照京瓷公司的经营哲学（以下简称"京瓷哲学"）统一公司的指导思想和价值观。

2. 从经营的角度出发

将公司划分成众多独立的核算单元，根据不同的业务形态和组织形态制定公司经营规章制度，模拟阿米巴的实际业绩（销售额、生产总值、经费开支、时间），以便于对各个独立的核算单元进行精细的绩效考核。

3. 反映经营的实际情况

稻盛和夫此次改革的一大重点就是追求数据的真实性。他提出要用数据说话，因为数据是进行管理和商业判断的重要基础。因此，为了保证经营数据能够如实反映经营的实际情况，组织划分必须简单、明确，这样才能掌握企业经营最真实的数据，最终透析事物的本质。

4. 具有一贯性

保持经营思路和经营战略前后一致，公司组织运营的架构才能符合长期发展战略。

5. 具有公平性

阿米巴经营的前提是所有部门能够在平等的条件下公平地切磋竞争。公平的环境有利于充分调动员工的积极性，从而提高公司的效率和效益。

公司的组织结构对于公司的可持续发展起到重要作用。日本航空公司内部拥有众多部门，以前实行的是垂直管理模式，存在非常严重的官僚主义作风，在管理上只注重上层组织，对于基层组织的积极性却没有给予应有的重视。公司在重组前的组织结构如图 2-1 所示。

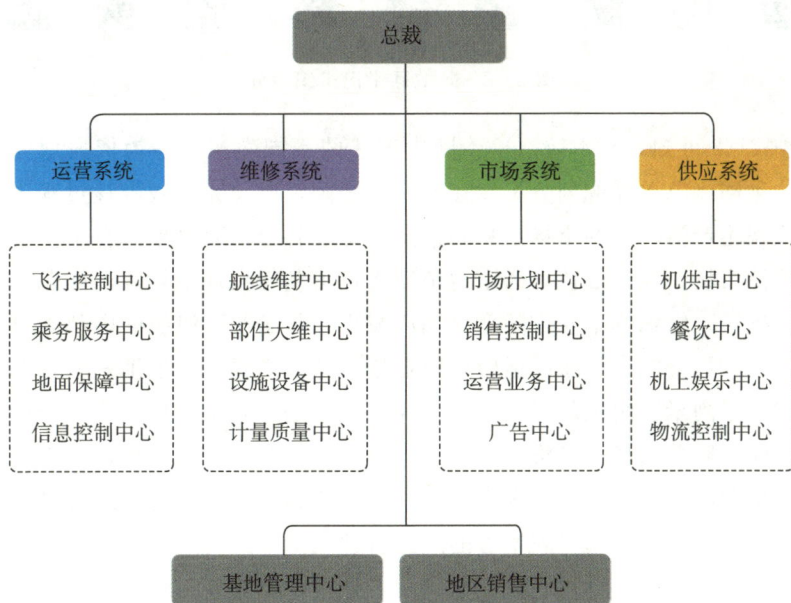

图 2-1　公司在重组前的组织结构

正是由于前面分析的公司在重组前混乱的组织管理，稻盛和夫才采用阿米巴模式来细分每一个基层生产单元，每一个基层生产单元都作为一个独立的核算中心，按照小企业、小商店的方式进行独立经营。在组织划分的过程中，稻盛和夫以各个部门的特点为依据划分了制造部、保卫部、运营部等大的阿米巴单元；除此之外，对于部门内部也进行了细微划分，例如在制造部的阿米巴单元划分上，将制造部门不同生产线上的不同工序划分成不同的阿米巴组织，然后在每个生产线之间选择一个负责人，也就是该阿米巴组织的领导。日航阿米巴组织划分如图2-2所示。

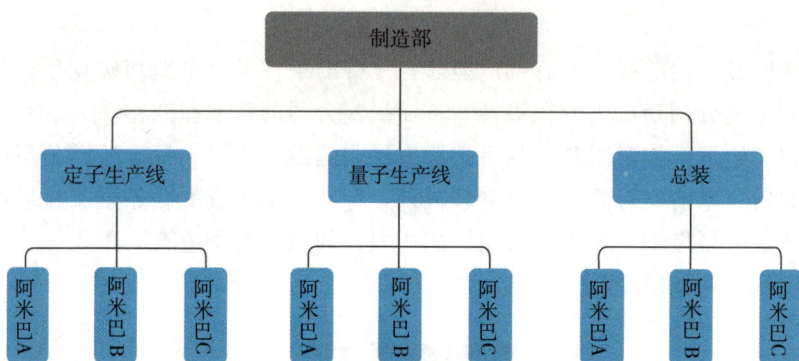

图2-2　日航阿米巴组织划分

由图2-2可知，日本航空以不同生产线的不同生产工序为依据划分阿米巴单元，这种阿米巴单元的划分可以在制定每个阿米巴单元绩效考核过程中，更加清晰地反映生产活动中的市场走势和信息，方便各个阿米巴单元在承担责任的同时更加关注市场、关注效益。为了避免因人员流动而出现不均衡的问题，阿米巴组织一旦确定，组织则不允许随意增加或减少人员编制，组织的内部人员也不允许随意调遣和再分配。日航的运转效率在推行这种模式之后逐渐提高。那么，是否只要建立了阿米巴组织就大功告成了呢？并不是。阿米巴模式强调企业经营的灵活性，能够随着市场、经济、技术、竞争对手等变化不断调整，建立符合当时情况的最优化组织。因此，从根本上来说，稻盛和夫的阿米巴模式通过组织结构的改变实现了权力下放，将阿米巴的经营管理权下放给阿米巴组织的领导人。各个阿米巴组织的领导人自行制订经营计划，让员工自觉参与管理，从而激发了员工的积极性。这种组织结构改变了以往的"高度集权"式管理模式，以"分权赋能"式管理模式解决了"大企业病"的弊端，实现全员参与经营，充分激发员工的积极性，从而使企业活力焕发。

（二）运营机制的革新

阿米巴模式就是把企业划分成许多独立核算的小组织。划分组织的根本目的是：建立让经营者能够全盘掌握业务状况的组织，以适应市场竞争和经济发展的要求。稻盛和夫在日航改革中，通过建立阿米巴组织架构，完成了基础建设之后，进行了一系列的运营机制改革。

1. 植入经营哲学理念，转变员工思想

针对日航 5 万多人的庞大员工队伍和员工散漫不负责的工作态度，稻盛和夫以京瓷哲学为依据，推进日本航空内部意识改革。他提出了"不换思维就换人"的要求，对董事会和经营团队"换血和瘦身"。在计划裁员 1.6 万人的基础上，通过重组分流、辞退、离职等方式，实际裁员 1.93 万人，留下的员工工资和奖金也大幅削减，既降低了运营成本，也提高了工作效率。在稻盛和夫看来，意识决定行动，日航亏损的根本原因在于管理者和员工的思想意识，为此他在确立了破产重组程序之后，连续给干部员工讲解核算意识、盈亏意识、团队合作、人才成长等经营哲学。他鼓励开展由员工自己主讲的"业绩报告会"，用数字报表的形式展示员工的努力成果。稻盛和夫通过这种哲学推广方式将他的经营思想灌输到每一位员工脑中，长此以往在内部形成了一种积极参与的氛围，提高了员工工作的积极性，彻底转变了员工的思想，员工的经营意识不断增强。

2. 导入每日核算会计体系，分析调整经营策略

稻盛和夫改造日本航空现有的财务系统，导入经营会计理论。经营会计理论的导入改变了以往以月度、季度、年度为单位的核算方式，每天核算当日数据，使各个阿米巴组织每天都能看到当天的成果，从而根据具体的数据及时进行反省和总结经验，进而迅速调整经营计划，增强了企业的灵活性，提高了企业的经营效率。这种每日核算的会计体系可以使管理者和现场员工及时了解到自身的实际情况和市场动向，是阿米巴模式的一大优势。另外，日本航空亏损的一个重要原因就是运营策略失误。因此，稻盛和夫对经营策略进行了非常大的变革。例如，为了经营重点突出航空业务，日航在 2010 年相继出售酒店、食品餐饮、地面服务等非核心子公司；对于国内外航线进行了巨大的调整，停飞长期亏损、难以赢利的航线，其中国际航线停飞率达 40%，国内航线停飞率达 30%；为了适应市场需求、降低各种成本，日航卖掉大部分高耗能的大型飞机，购进百余架小型飞机；做好油量测量和统计工作，合理添加和补充燃油，通过减轻飞机起飞重量来减少油耗。

3. 引入阿米巴分部门核算体制，实现循环改善

核算机制是通过经营会计系统量化的，以"销售额最大化、经费最小化"为经营原理和原则。每一个阿米巴组织单元都实行部门独立核算经营机制。在这种核算机制的运行中，日航的每条航线都被划分为一个个独立的小集体，每一个小集体都是一个利润中心，都需要核算成本。这种精细的部门独立核算经营机制不仅确立了与市场挂钩的核算机制，也让小集体的经营者对每条航线的信息掌握得更清楚。在阿米巴模式中，在收入既定的情况下，公司为达成利润最大化，要求成本最小化。因而，为使每个阿米巴组织单元能充分掌握各自费用信息、进行各自费用预算，实现利润最大化的目标，则需要对共同消耗产生的间接费用按照一定标准进行归集和分配，以实现权责利的一一对应。

（三）绩效管理机制的建立与完善

科学的绩效管理机制可以提高阿米巴模式的效果。因此，阿米巴模式的核心之一是通过独立核算进行绩效管理，从而建立完善的绩效管理机制。在这个绩效管理机制中，采取的措施包括以下几部分内容。

1. 订单生产方式

订单生产方式是指企业按照客户订单的具体要求进行生产，最大限度满足客户需求，迎合市场发展趋势。与此同时，具体的订单数量和价格通过该种方式传递给制造部门，减少了企业的库存压力和资金占用的烦恼，提高企业经营效率，促进企业的可持续发展。在这个生产方式中，"客户决定价格"是其主要特色，在全面了解和考察市场价格之后，通过售价倒推成本的方式确定利润，也就是"利润＝售价－成本"，而不是"售价＝成本＋利润"。基于这样一个思路，便可以通过"销售额最大化、成本最小化"的经营原则来追求利润，从而建立一个与市场相挂钩的核算模式。

2. 内部核算方式

内部核算方式是指将下道工序视为上道工序的客户，将产品按照内部销售价格进行内部销售的交易与核算方式。该核算方式将生产线上的不同工序划分成相互独立的阿米巴组织，各个阿米巴组织之间互为买卖关系，上道工序（上一个阿米巴组织）生产结束后将产品以内部价格销售给下道工序（下一个阿米巴组织）。内部核算方式确立的单位时间核算制，是在单位时间内根据公司内部采购的原材料费、加工费等计算附加价值的核算方式。产品在各个阿米巴组织之间通过内部采购和内部销售的方式进行流转，通过这种内部购销方式结算各个阿米巴组织的产值，实现"阿米巴的生产总值＝内部销售价－内部采购价"。产品质量直接影响交易结果，只有产品质量检查合格后两个阿米巴组织之间的内部交易才算完

成；一旦产品质量出现问题，则内部交易不通过。所以，每一个阿米巴组织都必须对自己生产出来的产品质量进行严格把关，提升产品质量，促进内部交易的完成。在这种内部核算方式下，阿米巴组织的会计结果会直接跟公司财务链接，实战性很强。每个阿米巴组织的会计结果合计起来，就等于公司整体的经营成绩。

3. 合理的定价系统

收入额直接影响核算结果，因此定价是经营的基础。合理的定价体现公平、公正的绩效考核，公平、公正的绩效考核有利于提高员工的工作积极性，从而促进企业的发展。在每个阿米巴组织之间形成的半成品的买卖关系中，并没有可以直接参考的市场价格，因此必须合理设定各个阿米巴组织之间的售价。按照稻盛和夫的阿米巴经营理念，阿米巴组织的售价是根据销售给客户的最终售价进行倒推计算得到的。

4.ERP 管理会计方法

日本航空中高层领导实行多元化战略，企业业务涉及多个领域，处理逐渐复杂化。单一的财务会计已经不能满足企业发展的需要，推行 ERP 系统成为发展趋势。日航引入了 ERP 系统进行财务数据核算，各个阿米巴组织的财务数据由电脑自动统计和结算，实现了管理会计和财务会计一体化。通过查询财务报表，员工可以及时了解自己所在的阿米巴组织的经营情况，从而实现全员参与经营。

四、实施效果

稻盛和夫引入阿米巴模式使得危在旦夕的日本航空公司重获新生。2010 年 2 月到 2012 年 3 月，在短短两年多的时间内，日本航空实现了从营业利润率 −17％到＋17％的大转变，创造了惊人的业绩，营业利润突破两千亿日元，翻身挤进航空业盈利榜首。2012 年 9 月，日本航空以焕然一新的形象重新上市。日本航空此次"大变身"堪称经营历史上的奇迹。

五、经验总结

（一）统一思想与明确目标

企业一旦出现高层领导思想不统一、各部门各自为政、互不团结的现象，将会失去凝聚力、产生内耗，影响企业的可持续发展。稻盛和夫引入阿米巴模式，依照京瓷公司的经营哲学统一公司的指导思想和价值观，不断开展各种形式的培训工作，扭转员工的惯性思维，激发企业每一位员工的积极性和潜在的创造力，使上至企业管理层下至基层员工都能够理解阿米巴的经营理念。此外，统一各个阿米巴组织的目标，使其与公司整体目标一致。强调"小集体"利益服从公司整体利益，变"各自为政"为"团结奋进"，推动实现公司整体目标。

（二）梳理业务与规划核算

业务清晰有利于公司提高分析数据、解决问题的效率。在围绕战略目标的基础上，为了经营重点突出航空业务，日航先后出售旗下酒店业务、食品餐饮业务、地面服务子公司等，剥离与核心业务不相关的业务，降低原业务的复杂程度。在设定核算组织时还需要综合考虑企业的相关成本与效益。在规划好各核算组织单元的基础上，确定各组织单元的核算类型。组织单元的核算类型可以分为"利润型"和"费用型"，"利润型"是指能够核算收入、成本、利润，"费用型"是指只能核算成本与费用。一般具体业务部归为"利润型"，管理部门归为"费用型"。

（三）交易定价与制度建设

交易定价和制度建设应该在简单易操作的基础上兼顾公平性和激励性，一旦交易定价与制度建设出现不科学不合理的现象，就会大大影响员工工作的积极性，阻碍企业发展。例如，个别业务部门为引流部门，虽然账面数据显示利润亏损，但它却能促进整个公司业绩的提升。从这个方面来说，该业务部门就有极大的存在价值。所以，在判断一个部门存在价值的大小时不能只看该部门一时的盈亏，应综合考虑其给企业带来的整体效益。在具体操作时，相关人员不能仅局限于个别部门或个别人员，应该是涉及相关环节的全体部门与全体员工共同参与。

（四）充分授权与评价激励

企业充分授权可以减少不必要的流程，激发员工工作的积极性，提高决策效率和执行效率。稻盛和夫进行的大变革改变了日航以往严重的官僚主义风气。他采用阿米巴模式，将公司划分为不同的阿米巴组织，各个阿米巴组织之间进行独立核算，自行制订各自经营计划，提高了企业的经营效率。当然，充分授权并不代表完全放权，在推行充分授权的同时也要做好内控制度建设，防范企业的经营风险。"及时分析与评价"要严格采用真实数据进行分析评价，只有真实数据计算得到的经营利润才可以作为制订经营计划的依据，一旦实际数据与目标数据出现偏差，可立即进行调整。此外，还需要科学合理地构建评价体系。以各阿米巴组织实际完成情况与预期目标的偏差为依据评价各组织单元的工作业绩，并结合相应的考核激励制度，最终促进组织目标与企业战略目标的实现。

第二节　索尼公司——模拟"公司"制

一、公司概况

1945 年，索尼集团公司的创始人井深大在东京日本桥的百货公司仓库成立"东京通信研究所"。"经营四圣"之一的盛田昭夫在井深大的盛情邀请下加入共同经营。与此同时，公司获得盛田酒业 19 万日元的资助，在 1946 年正式成立"东京通信工业株式会社"。创立之初，经营比较困难，直到 10 年后工作人员开发出世界上第一台晶体管收音机后，公司的经营才逐渐步入正轨。1958 年，公司更名为"索尼株式会社"，总部设在日本东京。自创建以来，井深大一直期望建立一个自由豁达、轻松愉快的理想工厂，所以索尼一直秉持"自由豁达、开拓创新"的经营理念。公司经过不断地探索与研究，率先开发出许多新型电子产品，如收音机、随身听、电视机、游戏机等，极大丰富了人们的精神世界，提高了人们的生活品质。目前，索尼公司不仅是日本知名公司，而且已成为世界上民用/专业视听产品、游戏产品、通信产品和信息技术产业等领域的先导之一。它在音乐、影视、计算机娱乐以及在线业务等领域都颇有成就，这些也使其成为处于全球领先位置的综合性娱乐公司。

二、建设背景

在公司创立初期，两位创始人把电子和工程的综合技术应用到生产消费品上，并最终使公司成为世界电子产品新潮流的领导者。然而，前进的道路充满了曲折与坎坷，从 20 世纪 80 年代到 90 年代，随着全球电子企业竞争的加剧，索尼的发展也开始陷入困境。

(一) 进军娱乐界失败使索尼背负巨大的债务包袱

日本战后经济迅速发展，成为世界第二大经济体。而美国此时经济处于下行趋势，许多日本企业借此机会疯狂并购美国企业。1989 年 9 月，在盛田昭夫的主导下，索尼分别以 20 多亿美元和 34 亿美元并购了美国哥伦比亚广播公司的音乐与电影部门，使它们成为索尼影视娱乐的旗下子公司，此次并购成为当时日本国内最大的一宗海外并购案。但音乐、电影不同于索尼以往的产业，由于缺乏相关经验以及文化冲突的影响，索尼一直没有找到合适的团队运营，影响了整个集团的经营业绩。20世纪80年代末期，日本开始爆发泡沫经济危机，索尼影视娱乐公司连续数年亏损，成为索尼获利的主要障碍。

（二）事业部制导致企业整体运行效率低下

1994年3月之前，索尼公司共有19个事业部、7个营业本部。由于组织过度细分，管理结构臃肿，经营信息及市场需求信息上下传达不够畅通，这大大降低了市场分析的及时性和有效性，进而难以精准把握市场，导致企业管理和规划缺乏活力。资源分散以后，研发能力整体被削弱，过度细分后的事业部之间难以及时和充分交流，甚至出现在同一市场恶性竞争的现象，增加了经营成本。

（三）日本企业治理结构的惯性影响

市场竞争逐渐呈现信息化、全球化的特点，这要求企业的决策机构做出决策的速度更快，执行机构的执行效率更高。而日本大多数企业的决策与执行机构是相互融合的，索尼议而不决、决而不行的现象较多，低下的经营效率难以适应复杂的市场变化。

（四）消费者需求发生变化

随着日本经济不断发展，消费结构、消费主体、消费价值观都发生着巨大的变化。单一的视听产品难以满足消费需求，市场逐渐向多样化、个性化产品倾斜，而索尼依然以经验曲线及质量管理与成本管理为主，依靠同质的经营管理与竞争对手展开竞争。

（五）数码化、网络化革命的冲击

数码化、网络化革命在20世纪90年代高速发展，经营方式、营销方式及消费观念发生巨大变化。满足消费者的个性化需求成为企业创新产品的重要依据，即以顾客价值为核心的经营环境已经形成。如何抓住新的技术革命的机遇，进入新的领域，推出新的产品，在不断变化的市场中立稳脚跟成了企业经营中的重要课题。

（六）全球化竞争加剧

从20世纪80年代中后期开始，日本产品在美国的市场逐渐被其他国家和地区生产的产品挤占。加之广岛协议之后，日元升值，生产成本提高，出口价格上升，企业的国际竞争力下降。

三、模拟"公司制"和具体做法

1995年，索尼公司首席执行官兼董事长大贺典雄把公司大权交给了出井伸之，由他担任公司总经理。在这之前，出井伸之已经在索尼工作了35年，对索尼在经营和产品方面具有的弊端非常清楚，他认为索尼最需要的就是变革。在出井伸之的带动下，索尼公司开展新一轮一系列的改革举措。

（一）模拟"公司"制

模拟"公司"制主要在日本的一些企业实行，企业会设立多个内部公司。所谓的内部公司并无法人地位，只是一些行政单位，但公司把它们当作子公司来要求和考核。内部公司被视为独立的投资中心。模拟"公司"制实际上是事业部制和子公司制的一种变形：内部公司仅具有事业部制的委托法人地位，但却具有子公司的权限和经济责任。所以，模拟"公司"制是介于事业部制和子公司制之间的一个中间组织。

（二）具体做法

索尼模拟"公司"制下的具体做法如图2-3所示。索尼公司在1994年开始实行模拟"公司"制，将集团的主要业务划分成8个部分，每项业务由一个相对独立、拥有较大自主权的"公司"承担。各"公司"设立一位总裁，接受索尼社长、董事长管理。在索尼公司，董事长是最高决策人，总经理则在董事长之下负责"公司"整体的指挥。索尼在模拟"公司"制组织形式下，仍是一个统一的企业，而具体的业务运营则由各"公司"的分管总裁负责。

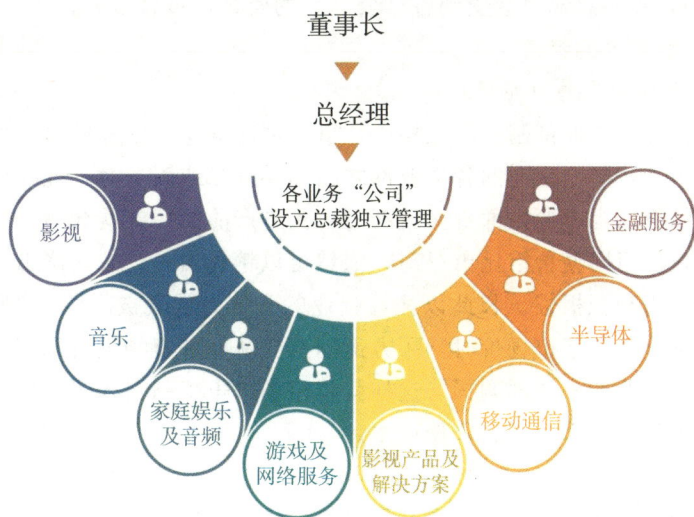

图2-3 索尼模拟"公司"制下的具体做法

索尼公司规定每年召开一次"公司"总会，由8个"公司"分别报告一年的经营成绩。董事长、总经理以及董事等出席会议，对各"公司"的经营状况以及各总裁的经营能力作出评价。若经营成绩不好，将严格追究总裁的责任。索尼公司并没有以相同的评价标准评价各个"公司"，因为若将销售额、利润等作为指标，将会使那些市场接近饱和、很难有大发展的"公司"受到不公平的评价。所以，索尼公司综合考虑各"公司"所在的市场特点，设定不同的评价标准和经营目标，并在年终时检查该目标的完成程度。

实施集团内的模拟"公司"制的目的，就是要8个"公司"相互比较经营成绩，以促使集团公司整体的发展。尽管没有设定统一的评价标准，但索尼公司计划将来要设定这样的指标，并按各"公司"的经营成绩分别确定工资、奖金。要按经营成绩评价各"公司"总裁，若连续完不成目标，则有被免除职务的可能。

各"公司"以现有资产的一半作为公司总部的投资，然后按照现有资产额上缴年率10％的利润给公司总部。另外，各"公司"可以以银行最优惠贷款利率再加0.25％向总公司借贷设备投资所需要的资金。各"公司"的准备金则必须按照银行最优惠贷款利率减去0.25％存入集团总部。

集团总部对各"公司"提供广告、宣传等多项服务。从这种意义上说，集团总部也可看作是以提供服务换取上缴利润的经济实体。然而，由于上缴利润的额度过大，各"公司"对集团总部提供服务的质量、收费等也有严格要求，有的"公司"还有要求集团总部精简机构、减少开支的意见。所以，在集团内模拟"公司"制中，集团总部也会受到各"公司"的监督，负有压力。

（三）经营模式的特点

1. 公司之间的交易以市场价格优先

在日本传统的事业部制组织机构中，事业部间的交易中有使用"回避权"的方法。这是因为，同一企业的各事业部之间提供物品或服务时，往往使用企业内部价格进行结算。当企业内部价格较高时，买进产品的一方就会遭受损失，而卖出产品的事业部门即使价格比市场高，依然可以销售出去，缺乏降低成本、改进经营管理的动力和积极性。长此以往，企业的竞争力就会被削弱。"回避权"是指当企业内部价格高于市场价时，买方部门有权从外部市场进行采买，而不必局限于一定从本企业的事业部购买。这样就将市场竞争机制引入了企业内部，促使各事业部必须加强管理、努力降低成本。

2. 模拟"公司"制下的管理强化

改进企业组织形式的目的是提高经营管理水平，争取更大的效益。模拟"公司"制这一组织形式的最大特点是赋予各"公司"负责人投资审批、决策权限，在一定程度上允许改进失败，以此激励改进、创新的精神。因此，模拟"公司"制可以充分发挥各业务部门负责人（"公司"总裁）的能力，使各个"公司"成为有责任、有权限、能动性强的经营实体。

四、实施效果

索尼公司实行"公司"制后，总体来看，整体的营业收入稳步上升，营业利润从 1995 年的－1666 亿日元扭亏为盈，至 1996 财年结束，营业利润已达到 2353 亿日元。截至 1999 年，营业收入已达到 6.8 万亿日元，复合增长率达到 14％，改革效果非常显著。

模拟"公司"制实行以后，索尼公司对绩效考核引入相应的目标管理，开始实施绩效管理制度，将员工的薪酬水平与其业绩考核挂钩。为此，索尼公司建立专门的绩效评价部门，采用 5P 评价体系，即从个人、职务、过去、现在、未来 5 个维度对员工个人以及业务部门进行考核，根据考核结果来决定员工与业务部门的薪酬水平。通过制定详细的评价标准，索尼公司将所有的经营活动进行量化分析以达到薪酬体系的公平、公正，激励员工的创新精神。

五、经验总结

（一）简化组织与内部市场

将市场机制引入企业内部管理制度的变革与实践，使货币化和市场化成为企业内部管理和解决各种商业、服务、合同关系的基本准则。它在企业内部搭建了一个较为完整的市场，使大企业更好地适应市场环境的变化，在保持了自身规模优势的同时，还吸取了小企业灵活、反应迅速的管理优点，这有助于加强不同部门之间的信息沟通，降低沟通和决策成本，从而减少企业内部管理费用。

（二）鼓励创新与允许失败

索尼公司变革的另一特点还在于鼓励创新。从某种意义上说，创新是企业生存与发展的根本，鼓励创新企业则兴，反对创新企业则亡。而普遍存在的"大企业病"严重阻碍了企业创新能力的提高。索尼公司进行内部市场化变革，紧跟市场变化趋势，使基层也能感受到创新压力和发展动力，创造了一个不创新就不能发展的内部环境。同时，也在一定程度上允许各"公司"创新改革失败，以此鼓励创新。

（三）权责对等与引入市场

变革使企业内部都能感受到市场环境的压力，在一定程度上破除市场与组织的"阻隔"，把经济风险分解到每个"公司"进而落实到每个职工头上。模拟"公司制"既规定了各个"公司"的责任和义务，也规定了总部的权力和责任；采用"回避权"的方法，规定当内部价格高于市场价格时，作为买方"公司"可以选择价格更低的市场产品，使得企业不得不参与市场竞争，提高了经营效率。

第三节　中国石化内部市场化管理

一、公司概况

中国石油化工集团有限公司的前身是成立于 1983 年 7 月的中国石油化工总公司。1998 年 7 月，按照党中央关于实施石油石化行业战略性重组的部署，在原中国石油化工总公司基础上重组成立中国石油化工集团公司；2018 年 8 月，经公司制改制为中国石油化工集团有限公司。其总部设在北京，是国家独资设立的国有公司，集生产经营、科研开发、投资决策和监督管理于一体，拥有比较完备的销售网络、健全的市场体系和较强的企业实力。

1983 年—1984 年，随着改革开放的不断深入，中国石油化工总公司成立，开始进行大规模石化项目建设。

1998 年，第九届全国人大一次会议审议通过国务院机构改革方案，决定在原中国石油总公司、中国石油化工总公司的基础上，分别组建中国石油天然气集团公司（简称"中国石油"）、中国石油化工集团公司（简称"中国石化"）。

2001 年，中国石化成功上市，进一步扩大了公司的融资渠道。

2014 年，中国石化启动了混合所有制改革，引入外部投资者，进一步深化企业改革。

2015 年，中国石化进行国有企业改革，分拆上市，加快市场化进程。

2017 年—2018 年，中国石化开始进行数字化转型和智能化升级，推动公司向数字化、智能化企业转型。

2020 年，中国石化推进资产重组和股权调整。

2021 年，中国石化完成股权调整，加强对销售业务的控制，提高了公司的资本实力和市场竞争力。

二、建设背景

在过去的几十年里，石油化工一直是由国家控制和管理的垄断行业，主要目的是保障国家能源安全和经济发展。然而，随着中国经济的迅速发展和市场化改革的深入推进，国家开始逐步放开对石油化工行业的管制，石化行业内外部竞争压力明显增加。中国石化作为老牌国企，复杂的组织结构和烦琐的决策流程等都导致企业管理效率不高、缺乏活力。在内外双重压力下，中国石化的发展陷入瓶颈。

（一）营销能力不足

中国石化营销手段不够新颖，缺乏创新性和个性化营销策略，无法满足消费者的多元化需求。除此之外，营销人才缺乏也是导致中国石化营销能力不足的重要原因之一。

（二）老牌国企历史包袱沉重

中国石化的前身是计划经济时期的石油部，历史包袱沉重，存在诸多历史顽疾，这些历史顽疾也成为中国石化发展的绊脚石。包袱主要有以下几个：

第一，中国石化作为国有企业存在官僚主义作风，不利于中国石化推进市场化改革。

第二，庞大的员工基数导致离退休员工数量众多，造成中国石化长期以来存在较重的养老负担。

（三）管理效率低下

中国石化业务范围涵盖多个领域，主要包括石油化工、天然气、煤炭等，每个领域都需要大量的资金投入，无形间提高了经营成本。而且，中国石化没有完善的培训和晋升机制，导致人才流失严重，极大提高了管理成本，除此之外，粗放和低效的管理模式导致中国石化内部冗员众多，由此带来巨大的用工成本浪费。这些都使得中国石化虽然营业额很高，但利润率和资产收益率很低。

4. 身为国企决策受限多

国务院和地方人民政府代表国家履行出资人职责，政府的意志和利益往往决定了国有企业的行为。中国石化身为国企，许多投资项目和经营活动受国资委管理，企业的许多决策必须经过国家相关部门批准，层层审批的机制降低了中国石化的决策灵活性。这种效率低下的决策机制致使中国石化难以在快速变化的市场中抓住机会。

三、具体做法

中国石化是中国最大的石油化工企业之一，是中国石油化工行业的重要组成部分。近年来，随着中国经济的快速发展和市场化改革的不断推进，中国石化也在不断进行市场化改革，以适应市场的需求和变化。

（一）推进混合所有制改革

中国石化在 2014 年就开始积极推进混合所有制改革，引入市场化机制和资本，提高公司的治理水平和市场竞争力。中国石化通过引入社会资本和民营资本，优化股权结构和治理机制，提升公司的活力和创新能力。

1. 引入社会资本和民营资本，提升企业竞争力

中国石化是由中央政府和地方政府共同出资组建的国有企业，拥有巨额的国家财政补贴和投资资源。自从党的十八大提出深化国有企业改革以来，中国石化积极响应号召，推行子公司中国石化销售有限公司作为混合所有制改革试点，通过引入社会资本和民营资本进行改革。此次改革一方面可以增强中国石化的活力和竞争力，另一方面也可以促进中国经济的发展和产业结构的升级。民营资本的注入，不但可以为中国石化带来更多的资金支持，而且可以促进中国石化向更加市场化和现代化的方向发展。

2. 优化产业结构，扩大企业销售额

中国成品油市场已趋于饱和状态，中国石化油品业务也进入稳定发展阶段，很难通过单一的成品油销售给企业利润带来大幅度的增长空间。根据对国外石油企业非油品销售进行的统计，一般非油品的销售份额占比约为 40%。中国石化的非油品销售份额在混合所有制改革之前占比仅为 0.4%，有着极大的增长空间。所以，中国石化销售有限公司通过引入社会资本、民营资本进行混合所有制改革，提升企业在市场中的竞争力。中国石化同步与 12 家业务伙伴签署合作协议，通过旗下的易捷销售公司扩大非油品销售业务，优化产业结构，将利润突破点放在非油品业务销售上。中国石化利用其全国 3 万多座加油站的资源，打造出"加油站＋便利店"综合服务型模式。由于中国石化从 2014 年开始进行混合所有制改革，所以笔者选取了 2013 年—2018 年易捷销售公司的销售数据（见表 2-1 所列），销售额分别是 133.5 万亿元、171.3 万亿元、248 万亿元、351 万亿元、519.6 万亿元、620 万亿元，销售额增幅远高于未进行混合所有制改革的中国石油昆仑好客便利店。

表 2-1 2013—2018 年中国石化易捷销售公司销售额与所占比例

时间	易捷销售额（万亿）	中国石化销售额（万亿）	所占比例（%）
2013 年	133.5	28800	0.4
2014 年	171.3	28300	0.6
2015 年	248	20200	1.22
2016 年	351	19300	1.82
2017 年	519.6	23600	2.2
2018 年	620	28900	2.15

中国石化通过引入社会资本和民营资本完成混合所有制改革，盘活资金，加大与社会资源合作，通过"主辅分离、副业改革"，借以优化产业结构，扩大企业销售额。

3. 与民营企业合资经营，促进地方经济增长

国企混合所有制改革的一种模式就是通过引入社会资本，盘活现有资产，有效提升企业市场竞争力。中国石化销售有限公司通过引入社会资本，实现与民营企业合资经营。通过充分发挥各自品牌、渠道、运营与门店优势，共同经营，扩大销售类型，提升销售额，有效带动地方经济增长。

4. 强化预算约束，加强风险防范

中国石化完善预算管理制度，强化预算约束，规范企业行为，实现有效监督。这有助于提高企业的管理水平，加强内部控制，防范经营风险，提高企业的经营效率和盈利能力。

5. 深化税制改革，优化税制结构

中国石化在此次混合所有制改革中深化税制改革，优化税制结构，降低企业的税负，提升企业的竞争力。同时，中国石化调整中央与地方财政关系，进一步理顺中央与地方收入分配关系，促进地方经济的发展。

(二) 推进市场化用工机制

为纵深推进制度改革，中国石化对员工实行"社会化招聘、契约化管理、精细化考核、市场化薪酬、制度化退出"管理制度，激发干部人才队伍活力，提升劳动生产率，为企业高质量发展提供强大内生动力。

1. 推行管理层成员任期制和契约化管理

推行管理层成员任期制和契约化管理，将业绩目标、考核结果与聘任挂钩、经营业绩与薪酬挂钩，实现干部能上能下常态化、收入能高能低常态化，有效提升公司经营活力、市场竞争力。

2. 全面深化用工市场化

（1）按照经营管理模式和用工模式调整用工方向，打破僵化机制，实行竞争上岗，优胜劣汰。

（2）加大员工统筹配置力度，每年系统内外优化配置用工两万人以上。

（3）积极推进职业化员工试点，在易捷公司、资本公司等市场化程度高的企业实行职业化员工制度。

3. 推动业绩决定薪酬的分配制度

中国石化在子公司间逐步铺开"业绩升、薪酬升，业绩降、薪酬降"的分配制度，充分调动员工积极性，增强企业活力。

（三）加强市场化运营

中国石化在过去几年中不断加强市场化运营，推进业务转型和创新，加强与市场的联系和沟通，提高市场竞争力。中国石化通过深入研究市场需求，调整业务结构和发展战略，优化资源配置，提高经营效率和盈利能力。

（四）推进数字化转型

中国石化在过去几年中不断推进数字化转型，推进信息化和智能化升级，提高公司的数字化水平和运营效率。中国石化通过加强信息技术研发和应用，推广智能化管理和运营，提高企业的运营效率和服务水平。

（五）拓展新能源业务

中国石化在过去几年中积极拓展新能源业务，推进可再生能源、储能技术和能源互联网等领域的研究和应用，推广清洁能源和低碳发展，为中国能源转型和可持续发展做出贡献。

（六）加强技术创新

中国石化在过去几年中不断加强技术创新，推进数字化转型和智能化升级，提高企业的技术水平和核心竞争力。中国石化通过加强技术研发和应用，推广智能化生产和管理，提高生产效率，降低运营成本。

总的来说，中国石化在市场化改革方面一直在积极探索和实践，不断适应市场的需求和变化，提高企业的市场竞争力和可持续发展能力。中国石化的市场化改革实践，为中国石油化工行业乃至其他行业的发展和转型提供了有益的借鉴和启示。

四、实施效果

中国石化内部市场化的实施已经取得了一些成效，主要体现在以下几个方面：

（一）商业模式多元化

中国石化内部市场化的实施，让中国石化逐渐从传统的石油化工公司转变为多元化的商业企业，开始涉足电力、天然气等领域，打破了企业仅依靠石油化工业务的竞争局面，降低行业风险。

（二）技术创新

市场化改革让中国石化的各个部门能够更加专注和集中，不断进行技术创新，并加快项目的进展速度。这可以提高中国石化在技术领域的竞争力，使它成为全球领先的石油化工企业。

（三）增强顾客体验

中国石化内部市场化实施后，不同部门之间竞争激烈，使得各个部门都能够寻找最优解，从而优化了运营效率。通过市场化改革，中国石化提高了资源利用效率和投资回报率。

五、经验总结

（一）强化市场意识

市场化改革解除了内部各部门之间的行政障碍，让各部门自由竞争，从而激发了企业的市场竞争意识。中国石化的市场化改革经验表明，企业在组织层面上要明确市场化意识，激发企业的竞争活力，从而不断提升市场竞争力。

（二）优化资源配置

市场化改革促使中国石化实现了资源的优化配置，提高了资源的利用效率，最终达到提高企业竞争力的目的。因此，在企业内部要促进资源配置的优化和合理规划。

（三）激发创新潜力

中国石化在市场化改革中加强了对吸纳创新的关注和推动，提升企业的创新能力。市场化的竞争机制可以激发各部门的创新潜力，从而推动企业的技术进步和效率提高。

（四）提高服务质量

市场化改革让中国石化关注顾客体验，更加注重服务的质量和效率，提高了客户满意度。因此，在市场化改革中，企业要重视服务质量问题，关注顾客的反馈和需求，从而提高产品和服务质量。

（五）确立有效奖惩机制

市场化改革可以激发企业的内部竞争机制，但也可能引发内部资料不公和恶性竞争等问题。因此，在市场化改革中，制定合理的奖惩机制可以有效规制企业员工的行为并保障企业的良性发展。

第四节　对电网企业的启示

一是内部市场化的本质在于管理精益化。内部市场化的有效性取决于市场化和精益化所产生的协同效应。它不仅要发挥供求规律、价值规律等市场机制的作用，还要通过精耕细作，打通信息壁垒，完成所有员工责权利的一一映射，员工个人目标链接部门目标与总体目标，形成员工考核、部门考核与总公司考核的一体化，提高投入产出效率。

二是内部市场化的难点在于交易机制与考核方式的设计。内部市场交易的有序发展建立在清晰合理的交易机制基础上，尤其是交易对象及其内部市场价格的确立；同时，公平有效的考核和分配直接关系到内部市场主体和员工的积极性及工作效率。大型企业内部不同市场主体的业务特点和不同产品所处的经营环境不同，这使得交易价格的设定、成本效益的确认和绩效的评估更加困难。日本航空通过订单生产方式、内部核算方式对不同工序进行单独核算，对每个小的阿米巴组织充分授权，各组织成员充分使用和支配组织资源，想方设法通过各种自主经营手段来完成经营目标。索尼公司根据不同业务的市场环境，对各"公司"提出不同的经营业绩要求，年末考核时将此目标的完成程度作为依据。中国石化推行管理层成员任期制和契约化管理，将业绩目标、考核结果与聘任挂钩、经营业绩与薪酬挂钩，增强公司经营活力与市场竞争力。

三是内部市场化的关键在于目标一致。内部交易可能导致内部市场主体更加关注自身利益，从而产生短视行为。为此，日本航空通过强调统一的价值观和企业文化，运用较高的管理水平和强势而独裁的领导来约束员工的行为；索尼公司通过引进绩效管理制度，对员工进行绩效考核的同时设定绩效目标，要求与企业绩效目标相一致。但划小经营单位可能会导致资源配置分散，影响企业集中力量办大事的效果，所以日本航空和索尼公司通过加强战略宣传来达成战略共识，根据战略目标分解考核指标，确保整体方向一致。

四是内部市场化的成功在于实践探索。内部市场化作为一种企业管理模式，具有许多优点和特点。在成功的内部市场化实践中，需要根据行业和企业特点制定具体的管理方案。日本航空和索尼公司都根据自身所处行业的性质和特点，进行了内部市场化实践。日本航空所处的航空航天行业多数带有政府色彩，这样就会造成难以实现政企分离、企业的主体权责不明、效率低下等问题，而阿米巴模式是通过明确企业文化、经营理念和原则，以独立核算经营的方式下放经营权，引入能够直接传递市场竞争压力的内部交易价格机制，以市场化运作机制操作内外部竞争，并以独立核算为基础，建立科学的绩效评价机制衡量员工业绩，从而培养具有独立经营意识的管理人才，最终实现全员参与企业经营。索尼公司所处的电子行业的发展日新月异，企业的生存与发展离不开创新与变革，而模拟"公司"制的做法将创新压力分散至企业内部各层员工。中国石化推行管理层成员任期制和契约化管理，将业绩目标、考核结果与聘任挂钩、经营业绩与薪酬挂钩，增强了公司经营活力与市场竞争力。

  电力企业实施内部市场化，需要学习典型的成功经验，根据行业特点和企业实际进行探索，将创新压力分散至企业内部各层员工，激发创新活力，保持企业的竞争力。除此之外，电力企业需要加强对风险和问题的研究和判断，注重机制设计的科学性，注重实效，为实施内部市场化提供科学的依据和支持。国网安徽省电力有限公司深入学习日本航空分部门核算和绩效管理制度，并从索尼公司模拟"公司"制的核心思想得到启示，同时学习中国石化的薪酬激励制度和技术赋能的方式建立质效管理责任制度、研发内部市场数字化平台、推进内部市场体系落地。国网安徽省电力有限公司"内部五级市场"体系是内部市场化管理的具体实践，公司的经营效率由此大大提高。

第三章
安徽电力"内部五级市场"介绍

  内部市场化管理是时代发展的必然产物，是现代管理的必然选择，也是提质增效的内在要求。在国家电力市场化改革的大背景下，国网安徽省电力有限公司为积极贯彻落实提质增效的工作要求，研究建立了效益、效率导向的"内部五级市场"管理机制，引导各单位引入内部模拟市场管理和考核机制，不断增强经营意识，落实公司战略规划，奋力推进公司高质量跨越式发展。本章在简单介绍国网安徽省电力有限公司组织架构的基础上，系统阐述"内部五级市场"管理机制的产生背景和主要内容。

第一节　建设背景

一、公司概况

（一）基本情况

国网安徽省电力有限公司成立于 1989 年，由国家电网公司出资控股成立，下辖市级供电公司 16 个、县级供电公司及其他服务类公司 79 个，管理各类员工近 7 万人，服务电力客户 2128 万户。2021 年安徽省全社会累计发电量 2808.97 亿千瓦时，全社会用电量 2427.5 亿千瓦时，其中省内用电市场化交易规模首次迈入千亿门槛（1237.68 亿千瓦时），同比增长 25.7%，总体能够满足安徽省内经济社会发展的电力需求。国网安徽省电力有限公司拥有升压型五电平逆变器、高压交流电线路自适应重合闸方法、智能配电终端运行场景模拟系统等 1545 项专利，承担着优化全省能源配置的重要职责。2019 年以来，面对复杂严峻的经营环境，国网安徽省电力有限公司积极响应号召，践行新发展理念，认真贯彻落实国资委、国家电网公司提质增效工作部署，深化多维精益管理变革成果应用，研究并构建"内部五级市场"体系，取得了显著成效。

（二）业务情况

国网安徽省电力有限公司主要开展与电力相关的各类业务，采用链条式过程管理模式，经营范围包括购电、输电、配电、售电及衍生支撑服务，具体业务架构如图 3-1 所示。

此外，国网安徽省电力有限公司坚持"三抓一创"工作思路，大力实施电网发展、经营管理、人才强企战略，同时推动科技引领、信息化、金融支撑、企业文化、品牌发展战略的协同进行，旨在打造更全、更优、更高效的业务体系。

（三）组织情况

国网安徽省电力有限公司下设众多分公司，在任务上各司其职、功能上相互补充，共同服务电网系统。如图 3-2 所示，根据业务类型，分公司基本可分为四类，即主业供电公司、支撑业务类公司、新兴产业类公司和保障服务类公司。

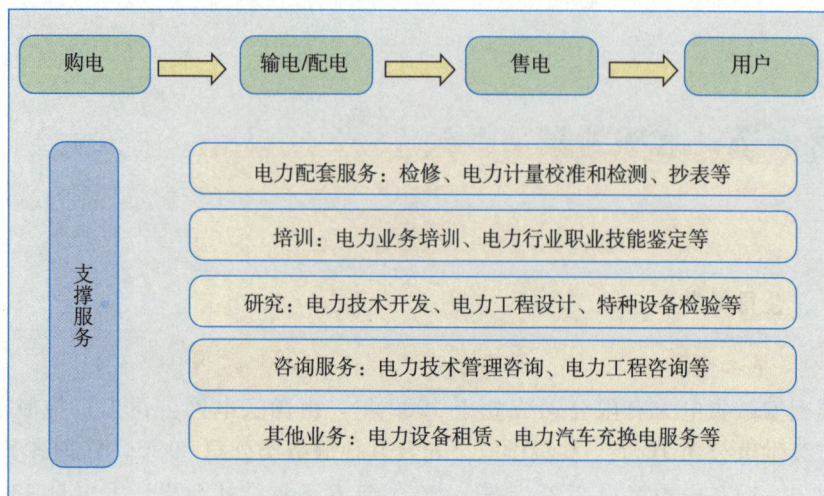

图 3-1　国网安徽省电力有限公司业务架构图

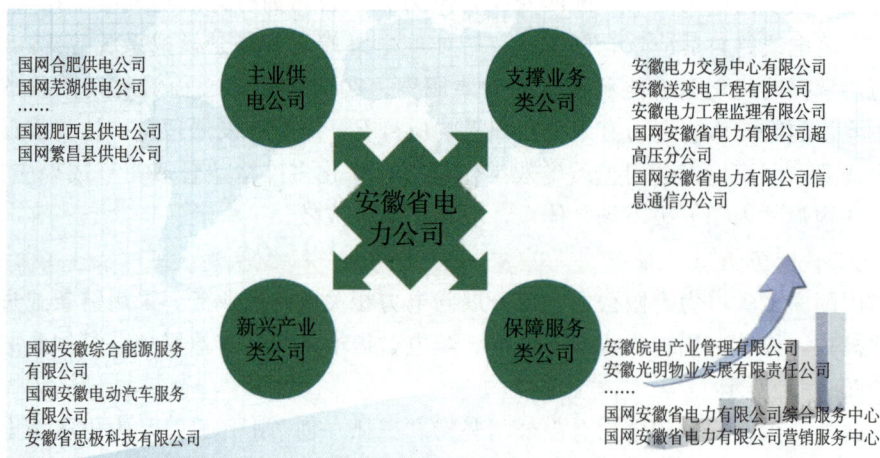

图 3-2　国网安徽省电力有限公司组织架构图

　　主业供电公司包括 16 个市级公司，分别是：国网合肥供电公司、国网芜湖供电公司、国网淮北供电公司、国网宣城供电公司、国网黄山供电公司、国网淮南供电公司、国网阜阳供电公司、国网马鞍山供电公司、国网六安供电公司、国网宿州供电公司、国网巢湖供电公司、国网铜陵供电公司、国网池州供电公司、国网蚌埠供电公司、国网安庆供电公司、国网亳州供电公司。16 家市级公司下设有县级供电公司、输变配电中心以及各个室所，相互协同配合，共同搭建一套完整高效的电力现代服务保障体系。

支撑业务类公司包括安徽电力交易中心有限公司（以下简称"电力交易公司"）、安徽送变电工程有限公司、安徽电力工程监理有限公司（以下简称"电力监理公司"）、国网安徽省电力有限公司超高压分公司、国网安徽省电力有限公司信息通信分公司。其中，电力交易公司负责电力市场交易平台的建设、管理和维护，保障各类交易主体的活动在一个公平有序、公开透明的环境下进行，同时提供结算依据和服务；电力监理公司负责各类工程项目的监督管理，旗下的电力安装、水利水电、市政公用、机电安装等工程的监理水平均达到了甲级；超高压分公司旗下设有特高压交直流运检中心、智能运检管控中心、古泉换流站、特高压淮南站、特高压芜湖站、各地市运维分部以及其他综合服务机构，对于特高压变电设备运营管理效率的测量也是 4—5 级内部市场建设的重点；信息通信分公司的经营范围包括电力信息通信的建设、维护以及电力技术信息咨询，为公司电网安全运行和经营管理提供了专业的信息通信支撑保障。

新兴产业类公司包括国网安徽综合能源服务有限公司、国网安徽电动汽车服务有限公司、安徽省思极科技有限公司。这类公司在经营传统电力企业业务的同时，开展了诸多电力配套服务和创新服务，例如电动汽车充换电系统研发推广，电动汽车充换电设备的制造、销售、维护、技术服务以及互联网信息、人工智能、云计算、物联网领域内的科学技术开发等。

保障服务类公司包括安徽皖电产业管理有限公司、安徽光明物业发展有限责任公司、国网安徽省电力有限公司综合服务中心、国网安徽省电力有限公司经济技术研究院、国网安徽省电力有限公司电力科学研究院、国网安徽省电力有限公司物资分公司（招标公司）、国网安徽省电力有限公司培训中心、国网安徽省电力有限公司营销服务中心。这类公司是整个电网运转的催化剂，起到电力交易媒介的作用。

二、业务概况

安徽省电力生产以火电为主，水电及其他发电为辅，呈北电南送格局。在行业用电分布中，工业用电占比最大，达到全省用电的 60％以上，其次是居民用电和其他。2016—2020 年安徽省电力生产和消费情况如图 3-3 所示。随着地区经济水平的增长，电力生产和消费呈现同步上升趋势。目前安徽省内各地市间的发展并不均衡，未来电力消费仍有很大的上升空间，这就需要国网安徽省电力有限公司统筹规划，优化电网建设、提高能源利用效率、大力发展清洁能源。

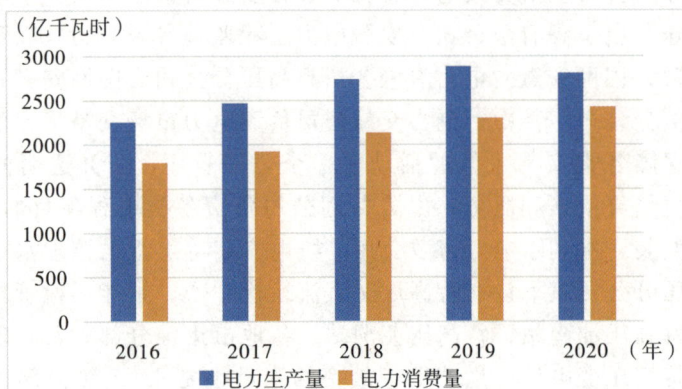

图 3 - 3   2016—2020 年安徽省电力生产和消费情况

电网是城市的血管。为适应安徽省经济快速发展的需求，国网安徽省电力有限公司加快电网建设步伐、完善网架结构、新建和整改高低压线路，积极通过技术革新降低输配电过程中的电力损耗，以期建成超前于社会发展的供电网络。2016—2020 年安徽省电网建设情况见表 3 - 1 所列。截至 2020 年底，安徽省发电设备容量达 7816 万千瓦，架空线长度达 83036 千米，电缆长度达 1809 千米，公用变电容量达 24223 万千伏安，保障了全省生产生活用电需求。

表 3 - 1   2016—2020 年安徽省电网建设情况

年份	线损率（%）	发电设备容量（万千瓦）	架空线长度（千米）	电缆长度（千米）	公用变电容量（万千伏安）
2016	7.36	5732.74	68177	875	16984
2017	7.18	6468.44	70021	1056	18049
2018	6.95	7089.29	80131	1172	20058
2019	6.70	7394.46	80761	1416	21335
2020	6.20	7816.03	83036	1809	24223

数据来源：2017—2021 年安徽省统计年鉴

从表 3-1 可以看出，线损率呈现逐年降低趋势，说明硬件投资和软件管理的效率都得到了有效提升。发电设备容量、架空线长度、电缆长度、公用变电容量都实现了大幅度增长。目前安徽电网已基本建成以 1000 千伏和 500 千伏网架为骨干、220 千伏线路覆盖全省的坚实可靠的电网体系；电网规模及覆盖范围的扩大增强了电网输送能力和抵御事故能力。

三、管理痛点

（一）绩效考核体系不健全

第一，原有内部管理体系的指标设置缺乏科学性，分布不均衡，过于注重结果指标，忽略过程指标，削弱了绩效管理的实施效果。具体而言，公司员工整体考核体系中与岗位工作业绩相关的考评项较少，各类活动和奖项考核占比较大，这会影响到员工的工作积极性，进而影响公司的经营效率。第二，原有的考核标准仅仅从定性角度考虑，较为粗略，这种评价机制容易受考核人员的主观判断影响，不利于客观评估企业人力资源及其效率情况。第三，对于职能部门的考核过于泛化，与其具体工作关联不大；对于专业管理部门的考核指标过细，执行起来非常困难。

（二）内部控制执行不到位

电力行业属于国家基础能源行业，具有一定的垄断性质，行业内部的竞争压力较小，因此各个基层单位内部控制的执行力度存在较大的差异，但是获得的收益却差别不大。在部分基层单位中，许多制度在制定之初，是为了应对上层的各项检查，在实际工作中流于形式，造成员工内部控制意识不足。有效的内部管理应当根据经营效益的实际情况，从全公司的视角统一出发。目前公司缺乏这样的内部管理机制，内部控制工作归属于领导班子下设的风险管理委员会管理，该委员会的决策执行往往依赖于财务指标数据，但如此系统全面的工作仅仅依赖于财务信息显然是不健全的，无法高效完成整个电力公司内部控制体系的日常组织与协调工作。

（三）跨部门信息传递效率低

信息交互是内部管理框架最重要的一个方面，其融合于内部控制环境和内部控制活动之中，是提质增效工作的基础和支撑。由于原有的经营主体仅仅只有市、县两级，不仅影响各个专业部门之间信息传递的时效性，造成信息传递受阻、遗漏，还会引起执行力度的下降，难以满足跨部门和跨业务的工作协作。

第二节　建设内容

一、建立质效管理责任制度

（一）纵向划小单元，明确"组织与人员"对位关系

结合电网行业特点、分层分级管理模式，将市、县两级经营主体，分解为"供电地区→市县单位→业务条线→中心站所→班组岗位"五级主体，并分别设置"市公司领导班子→县公司领导班子→部门负责人→中心站所负责人→设备主人（台区经理）"五级质效责任人，明确"组织与人员"对位关系。细化内部市场级次，将价值创造责任与业务特点相结合，逐层分解至组织末梢、管理末端、业务前端。

此外，针对五级市场主体，结合现行组织架构，逐层设立各级市场主体质效经理人，并明确责任。各级组织人员映射关系见表3-2所列。五级市场主体质效经理人一对一的映射关系为："市公司领导班子→县公司领导班子→市县部门主任→所长（班长）→客户经理（设备主人、台区经理等）"，通过逐层明确质效经理人，设计与业务性质紧密衔接的量化质效指标，将各级市场主体的价值管理责任逐层明确至组织末梢（员工），实现质效管理责任全覆盖，深度传导"花钱问效""花钱算账"理念。

表3-2　各级组织人员映射关系

内部市场层级	市场主体	质效经理人	设立作用
1级市场	地区	市公司领导班子	承接国网业绩考核要求
2级市场	单位	县公司领导班子	
3级市场	网格	市县部门主任	纵深传导价值管理责任
4级市场	室所	供电所长	
5级市场	岗位	客户经理	

（二）横向细分板块，明确"业务与质效"关联关系

根据电网行业特点，立足价值管理全覆盖。以"一张电网"为整体，从建、

运、服、管四个方面，将供电单位各项内部价值创造活动，按照专业方向划分为"投资建设""生产运行""营销服务""运营管理"四大经营板块。四大板块及其业务主线内容见表 3-3 所列。在四大经营板块内部，密切结合多维建设成果，进一步细化业务活动单元，将四大经营板块细化为"投资建设""输电运检""变电运检""配电运检""调度通信""运检综合""电能计量""客户服务""营销综合""运营管理"十条业务主线，通过划小业务单元，细化价值管理线条，实现各类业务主体的质效贡献情况同质可比，并采用模拟交易方式，分别量化电网各环节、各业务的价值创造，明确"业务与质效"关联关系。

表 3-3　四大板块及其业务主线内容

四大板块	十条业务主线	业务活动内容
投资建设	投资建设	投资项目类型涵盖输变电工程、信息化、智能化、客户服务，以及合理的运营场所和生产工器具等
生产运行	输电运检	主要工作有输电线路设备的状态检测、动态评价、隐患排查治理、通道防护、计划检修及故障抢修
	变电运检	负责辖区变电站一次设备的检修维护工作、高压及仪表试验，确保电气设备安全可靠运行
	配电运检	对架空配电线路以及各配电设备的测量、操作、巡视、检修等
	调度通信	负责电网调度和控制，分为监控班、调度班、运方、自动化等
	运检综合	负责编制、调整和申报全司设备检修项目，综合统筹安排区域内的运检任务
营销服务	电能计量	对消耗的电能进行准确的测量，是电力生产、营销以及电网安全运行的重要环节
	客户服务	一般居民用户的各种日常用电业务，负责电力服务热线；企业用户业务量比较大，报装、报停、业扩、审批等
	营销综合	负责营销管理和负荷管理中营销技术进步的推动工作，协助部门完成电力营销与交易部的年度工作任务
运营管理	运营管理	负责研究电网公司运营模式，编写公司各项管理制度，规范各类生产运营作业程序

（三）交织形成网格，建立市场质效多元素映射关系

在五级市场主体与四大经营板块交织形成的经营单元内，结合管理职责、业务属性，梳理"组织人员与业务活动"的映射关系；根据各项业务的价值创造活动，梳理"业务活动与质效责任"的映射关系。形成"组织机构－全体人员－业务活动－质效责任"四要素交织网格化的价值管理单元，实现价值管理责任向全员、全业务覆盖，向管理末梢层层传导，提升增效意识。

二、推进内部市场体系落地应用

（一）配套"业绩＋薪酬"两项改革，激发各类人员内生动力

协同人资部，配套实施"业绩考核＋薪酬分配"两项改革，对"关键少数、全体员工"进行精准激励，推进企业价值提升与员工获得感同向驱动。

一是建立对关键少数的激励机制。将 3－5 级"内部五级市场"质效评价结果与企业负责人业绩评价挂钩，促进市、县两级领导班子关注经营，提升"当家理财、花钱问效"意识。在现行企业负责人考核体系中，市、县公司负责人按照市场地区、县公司综合得分排名情况等距计算。其中，3 级市场指标占 40％，供电所市场指标占 20％，输变市场指标占 20％，计量市场指标占 20％。

二是建立对全体员工的激励机制。将 3－5 级"内部五级市场"质效评价结果与各业务条线员工一次性奖励金额挂钩，建立员工工作业绩与劳动报酬正向关系，引导员工树立"花钱问效、花钱算分"意识。各单位内模奖金计算规则：第一步，根据内模奖金总额和各单位各业务条线的人员得分总和计算出内模奖励系数；第二步，计算各单位各业务条线人均内模奖金，根据内模奖励系数乘上各单位各业务条线综合得分计算得出；第三步，计算各单位各业务条线奖金总额，根据各单位各业务条线人均奖金乘以各单位各业务条线人数计算得出；第四步，计算各单位内模奖金总额，依据各单位各业务条线奖励金额加总计算得出。每一位员工奖金额度，由各单位通过 4－5 级市场评价结果进行分解。

（二）优化"投资＋成本"资源配置，提升各类资金使用质效

协同发展部，配套实施"投资＋成本"两项试点，将"内部五级市场"评价结果与年度综合计划、预算安排相结合，优化资源配置，提高资本性、成本性资金使用效率，引导各单位树立"花钱问效"意识。供电所"百千万"质效评价如图 3－4 所示。

一是优化电网投资安排。结合"放管服"措施，每年拿出一定的电网投资，依据内模投资建设业务条线评价结果进行分配，鼓励投入产出高的单位多投资，

图 3-4 供电所"百千万"质效评价

投入产出低的单位少投资。电网投资奖励规模计算规则:第一步,计算内模投资奖励系数;第二步,根据内模奖励系数乘以本地区投资建设业务条线综合得分再乘以资产原值,计算内模电网投资奖励规模。

二是优化成本预算核定。将"内部五级市场"质效评价结果与各单位可控成本预算核定挂钩,鼓励成本支出高效、管控精益的单位多花钱,成本支出低效、管控粗放的单位少花钱,实现成本精益高效管理。可控成本奖励规模计算规则:第一步,根据可控成本奖励额度与各单位生产运行、营销服务、运营管理各业务条线综合得分的商,计算可控成本奖励系数;第二步,根据可控成本奖励系数乘以本地区生产运行、营销服务、运营管理各业务条线综合得分再乘以资产原值,计算可控成本奖励额度。

(三)推行"业务+岗位"对标对表,促进各项工作持续改善

进一步深化"内部五级市场"建设成果应用,开展业务诊断分析及人力资源优化配置,支撑公司高质量发展。

一是开展专业经营诊断分析。通过引入对标对表机制,实时直观呈现各单位各业务条线指标完成值、内模得分等,支撑各单位深挖动因、及时补短、持续改善,不断提升管理水平。二是促进人力资源优化配置。通过深入到组织末端,对全体员工价值贡献进行评价,对各类员工业绩情况进行精准量化,支撑各单位持续优化人力资源配置,确保人岗匹配、人尽其才。

三、研发内部市场数字化平台

(一) 搭建数据模型

根据五级市场组织网络、指标体系、评价方法三项基本要素，逐层逐级搭建指标计算、赋分、加权、应用等多层数据测算模型，通过贯穿运算公式，贯通逻辑链路，实现评价结果和应用结果一键式生成。

财务、营销、发展、设备四门联合制订主数据清理方案，厘清组织（供电所、运检中心、计量中心）、成本中心、人员（客户经理、设备主人）、设备（台区、变电站、输电线路、电能表）"四库"关系：营销部规范各级供电所合并拆分、客户营业区域、台区经理及台所关系变更等主数据信息维护要求；设备部规范设备接收原则、设备建卡层级，进一步加强设备与资产信息联动；发展部规范一体化电量与线损系统输入、输出关口模型；财务部规范成本项目化管控要求、配电运维抢修"分所分片"立项、主网检修运维"一站一线"归集、农维人工成本按所精准入账，提升4－5级市场主体直接成本归集率。

(二) 贯通业财数据链路

"内部五级市场"数据链路如图3－5所示。依托互联网部数据中台建设成果，按照"全量＋增量"的数据接入方式，开展源端系统数据溯源、数据建模等工作。共溯源开发2424个因子（其中源系统溯源因子1082个，分摊、聚合、派生因子1342个），通过指标引擎计算得到348项指标，集成SAP、PMS、营销、

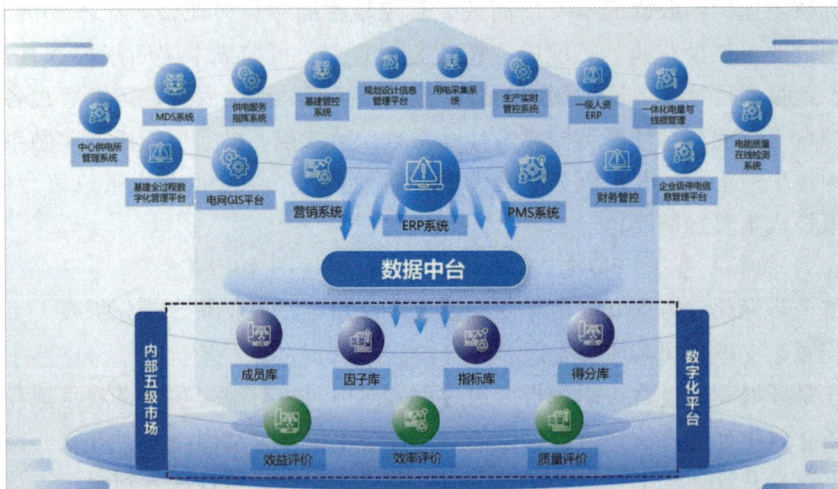

图3－5 "内部五级市场"数据链路图

用采等 17 套信息系统数据，接入 381 张原始表，贯通各级主体收入、成本、电量、容量、线损、客户等业财数据链路，建成含成员库、因子库、指标库、得分库等 430 张宽表的市场运行评价数据仓库，打破"数据烟囱"和"信息孤岛"，实现跨专业数据互联互通、实时共享。

（三）建设内部市场专题版块

"内部五级市场"数字化平台如图 3－6 所示。同步财务中台建设进展，搭建内模专题版块，嵌入"内部五级市场"各项指标计算公式、权重设置、赋分及兑现规则等逻辑代码，基于数据中台获取基础数据，自动计算评价结果和应用结果，实现"内部五级市场"数字化运行。围绕各级市场质效评价、业务诊断、运行分析、效能评估、结果应用、市场拓展等六大类主题模块开发 253 个展示场景，全方位量化呈现各级市场经营效益、管理效率、工作质量，引导各专业、各环节主动开展业务诊断，制定专项行动，推动质效提升。

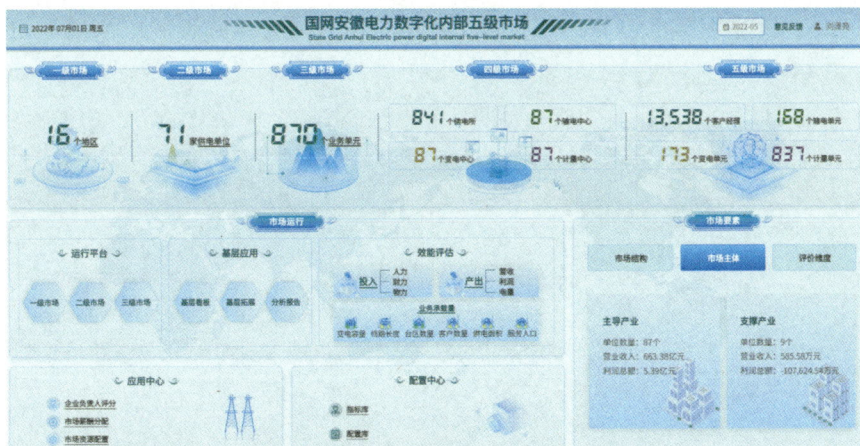

图 3－6 "内部五级市场"数字化平台

（四）促进内部市场常态应用

搭建多维度展示场景，由总到分、由面到点，全方位、多视角展示评价结果和应用结果，并通过层层穿透、指标追踪，助力各单位在线查找短板、分析动因，推动"内部五级市场"在线运转、实时监控、常态化应用。

聚焦经营视角，评选质效双优"三甲市""十强县""百佳所""千佳人""万佳变""双百站线""520 计量中心单元"，打造质效标杆，出具"运行＋诊断"智能分析两份报告，有效分解经营压力，激发基层创效活力。聚焦用户视角，晾晒各级市场主体质效账本，实现人人"会算账、明算账"。

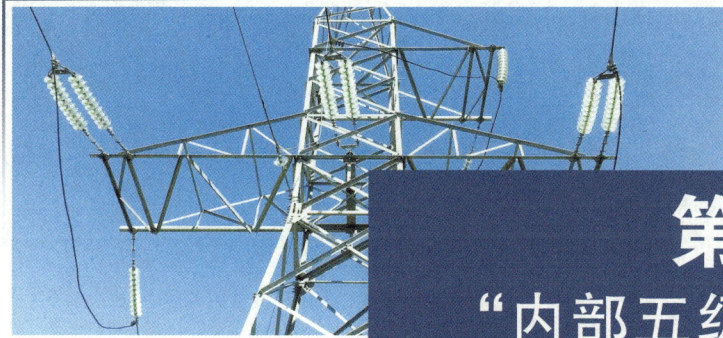

第四章
"内部五级市场"
管理体系

"内部五级市场"以市场量化经营效益、管理效率和发展质量为抓手，聚焦全业务数据融合、全过程价值反映、全方位动态监测、全要素精准发力的市场架构，通过实施"划小经营单元、细分业务条线、贯通数据链路、模拟定价交易"等具体方法，构建形成公平公正、公开透明、自负盈亏、比质倡效的内部市场数字化平台，直观呈现各级主体贡献大小、业务干好干坏、员工干多干少的状况。"内部五级市场"配套"业绩考核＋薪酬兑现＋资源配置"等激励措施，建立提质增效长效机制，根植以"效率效益"为导向的经营理念，激励各单位主动优化经营策略，各业务主动加强经营诊断，推动公司与电网的高质量发展。

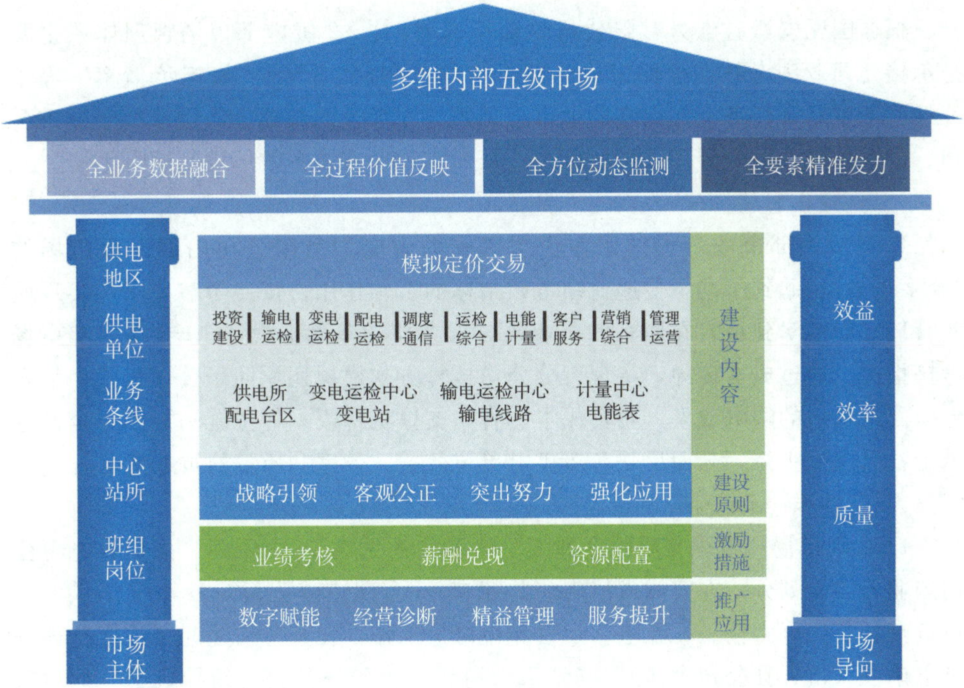

图 4-1　"内部五级市场"架构

"内部五级市场"架构如图 4-1 所示。它包含了 1-5 级市场、16 个供电地区、71 个县级供电单位、870 个业务单元；评价维度由经营效益、管理效率和发展质量构成。"内部五级市场"通过纵向划小单元、横向细分板块，提高了各条业务线运行的效率，增加了数据信息的共享性，并通过数字化平台展示，使整个评价体系公开透明、公平公正。

第一节　1-3级市场管理体系

一、1-2级市场管理体系

（一）建设背景

根据国网安徽省电力有限公司的统一部署，1-2级内部市场管理体系主要是承接公司业绩考核，确保完成总部下达的"利润、EVA、资产负债率"等年度经营考核基本任务。在原有的地市公司领导人考核的基础上，构建关于地市公司、供电单位的质效经理人考核体系，从而实现所有被考核单位的横向比较。

（二）建设思路

1-2级内部市场管理体系作为国网安徽省电力有限公司内部五级市场的"金字塔尖"，起到了向下传递业绩考核指标的引领作用。按照考核要求，实现质效管理责任落实到位，在原有的企业领导人考核的基础上设置1-2级内部市场考核指标。通过成本传导，将现行分公司核算方式模拟还原回子公司模式，将省电力公司承担的购电成本、融资成本、省属支撑机构成本等按统一规则，全额分摊至各级供电主体，全面反映各级供电单位效益、效率和质量的贡献情况。

（三）体系内容

1-2级市场"组织与质效经理人"映射关系见表4-1所列。根据省电力公司的业务架构划分，在安徽省境内一共拥有16个地市分公司，71个县级供电单位负责省内的电力输送、配电、运营和检修等工作，在全省构建起"地区整体→供电单位（市、县公司个体）"与"市公司领导班子→县公司领导班子"的质效责任对应体系，明确"组织与人员"的对位关系，"组织与质效经理人"的映射关系。

表4-1　1-2级市场"组织与质效经理人"映射关系

实施主体	内部市场层级	市场主体	质效经理人	人员组成	设立作用
省公司	1级市场	地区整体	市公司领导班子	市公司领导班子	承接国网业绩考核要求
	2级市场	供电单位	县公司领导班子	县公司领导班子	

通过映射关系明确1—2级市场主体的质效经理人，针对国网安徽省电力有限公司提出的考核要求，进行责任细分和价值管理，向下传递至组织末梢，实现质效管理责任穿透至内部市场全体人员，树立"花钱问效、花钱算账"的基本理念。

1—2级内部市场考核指标体系主要评价1—2级市场质效经理人，即"市公司领导班子、县公司领导班子"，各单位盈亏情况、EVA创造情况、投入产出情况等，引导市、县两级领导班子树立"当家理财"的经营意识。指标体系采用"存量＋增量＋边际贡献"等多维度相结合的方式，全方位、多角度反映效益贡献情况，并基于财务管控快报体系，按月取数。同时依靠财务数据中台，设置计算逻辑，按月自动计算、发布。指标体系包括以下内容：内部模拟市场利润、新增投资经济增加值（EVA）率、营业收入利润率、投资能力执行偏差率等15项指标。其中，内部模拟市场利润是重要的指标因子，反映了拟真的市场成员盈利状况，是对业务单元进行效益评价的基础。

在获取1—2级指标数据之后，依据已有的数据中台和指标体系，计算出每个地市和供电单位的内部模拟得分。质效经理人可以根据管理单位的得分来进行分析比较，判断公司的发展不足之处，并做出相应的改进措施。通过得分的横向评比和纵向剖析，有效提高每个单位的工作积极性，激发工作单位整体活力，逐步消除存在的问题，达到提升经济效益的作用。

二、3级市场管理体系

（一）建设背景

为实现价值管理全员覆盖，国网安徽省电力有限公司跳出以往绩效考核中以部门考核作为主体的模式，从电网的建设、运营、服务和管理四个方面，包含供电单位价值创造的全体活动，按照不同专业划分为"投资建设""生产运行""营销服务""运营管理"四大经营板块，并在此基础上，细分成十条业务主线，对各类业务主体的质效情况进行横向比较，量化电网各环节、各业务的价值创造，明确"业务与质效"的关联关系。

（二）建设思路

国网安徽省电力有限公司建设"内部五级市场"过程中，在充分考虑公司各单位内部组织机构、网格化改革进程的基础上，将3级市场主体定为公司业务条线主体单元。依据多维变革成果，将公司各专业划分为四大经营板块、十条业务主线（各业务条线对应内容见附件1）。投资建设指的是公司投资于电网的基础设施建设业务。生产运行指的是公司在实际生产过程中所进行的各项业务。营销服务指的是公司与客户之间产生的联系业务。运营管理指的是公司为保证日常经营的各项保障业务。3级市场管理体系如图4-2所示。

图4-2 3级市场管理体系

在构建3级内部市场管理体系的过程中，综合考虑各单位规模体量、城市发展速度等客观现状，突出主观努力对质效提升的贡献，提升考核的公正性、合理性。每条业务主线所包含的指标均基于经营效益、管理效率和发展质量三个维度。经营效益指的是该项业务对于公司经营利润做出的贡献。管理效率指的是公司对于该项业务所付出的相应管理成本水平。发展质量指的是该项业务在公司未来业务开展和运行当中所起到的作用。

在选定十条业务主线的所有指标之后，通过代入历史数据进行多元论证，合理设置四大经营板块、十条业务主线、各类指标的最优权重，确保计算结果公平合理。其中，四大经营板块根据业务覆盖面、岗位密集度，设置投资建设、生产运行、营销服务、运营管理板块权重占比分别为15％、40％、30％和15％；十条业务主线在同一经营板块内权重占比相同。业务主线内指标中，设置经营效益、管理效率、发展质量三个维度，权重占比分别为35％、20％和45％，同一维度内指标权重占比基本一致。

（三）体系内容

1. 投资建设

在国网安徽省电力有限公司输配电建设过程中，包括输变电线路搭建、变电站建设、厂房建造等内容，通过投资建设的业务条线梳理，可以了解到公司在开始业务前的投入以及在生产经营中产生的实际收益，实现内部市场化管理"花钱问效"的建设目标。

输配电投资建设的业务主线即为投资建设。投资建设映射关系见表4-2所列。结合管理职责、业务属性，构建"价值、组织、人员与业务活动"的映射关系。

表 4-2 投资建设映射关系

价值管理分类	投资建设	
业务条线对应	投资建设	
"业务—价值"对应	资产负债率	EVA
	负债规模	资本成本
"组织—业务"对应	发展部	建设部
	经研所	项目管理中心
"人员—组织"对应	管理员工	

　　投资建设指标包含以下四个方面的内容：资产投资回报指数、有效资产形成率、变电站设备容量利用率和输电线路平均负载率。投资建设指标说明见表 4-3 所列，具体指标公式见附件 2。

表 4-3 投资建设指标说明

板块	指标名称（权重）	计算方式	指标说明
投资建设（15%）	资产投资回报指数（35%）	从经济效益的视角计算存量资产投资回报率和近三年新增资产投资回报率的加权指数	通过评价存量资产投资回报和近三年投资资产新增回报，衡量各单位的投资成效和投资回报水平
	有效资产形成率（20%）	从管理效率的视角计算当年度已经完成建设的项目，形成有效固定资产的比率	项目建设过程中部分项目不能够在转资的过程中成为有效固定资产，会造成一定程度上的资源浪费；提高项目的审查和跟进力度，可以提高有效资产利用率，降低管理成本；各供电单位可根据自身有效资产形成率来衡量管理效率上的优势与不足
	变电站设备容量利用率（22.5%）	计算实际售电量与不同电压等级设备理论容量售电量的比值	变电站设备容量利用率可以衡量变压器使用效率，是否处于经济运行状态
	输电线路平均负载率（22.5%）	计算输电线路平均输送功率同输电线路最大允许输送功率比值	输电线路平均负载率可以衡量输电线路使用效率，是否处于经济运行状态

2. 生产运行

　　在完成电力设备建设工作后，随即会进入生产经营阶段。国网安徽省电力有限公司的日常运营业务包括输变配的运营检修、电力的调度等内容。通过生产运行业务条线的设立，可以了解到公司的经营效益、管理效率和发展质量，并对所有供电平行单位进行横向比较，实现在生产经营中快速发现问题、解决问题的目标。

生产运行的业务主线为输电运检、变电运检、配电运检、调度通信和运检综合。生产运行映射关系见表4-4所列。结合各个业务单元管理职责、业务属性，构建"价值、组织、人员与业务活动"的映射关系。

表4-4 生产运行映射关系

价值管理分类	生产运行	
业务条线对应	输电运检、变电运检、配电运检、调度通信、运检综合	
"业务-价值"对应	利润总额	EVA
	检修维护成本	运检人工成本
"组织-业务"对应	设备部	安全部
	输变电运检室	变电运维室
	调控中心	配电运检室
"人员-组织"对应	变电、线路等人员	

生产运行业务板块包含五条业务线，分别是输电运检、变电运检、配电运检、调度通信和运检综合。根据运检业务的特点，针对性设计评价指标，推动市场激励有效落地和质效评价数字化转型。生产运行指标说明见表4-5所列，具体公式见附件2。

表4-5 生产运行指标说明

板块	业务线	指标名称（权重）	计算方式	指标说明
生产运行（40%）	输电运检	输电有效资产收益率（35%）	从经营效益的视角计算电网中的有效资产所产生的输电业务收益率	计算输电有效资产收益率，可以衡量在输电业务中，公司拥有的净资产所能够产生收益率的大小；公司原本前期投入固定资产在纳入电网之时，由于不同的地区输电线折旧水平和人工成本费用存在差别，不能够进行直接比较，因此需要使用有效资产收益率水平来进行横向比较

（续表）

板块	业务线	指标名称（权重）	计算方式	指标说明
生产运行（40%）	输电运检	万元输电资产运维费（20%）	从管理效率的视角计算每一万元的输电资产需要多少运维费	计算万元输电资产运维费，可以衡量在输电业务中，公司对于输电资产所花费的运维费；只有不断地进行运营和维护，才能够很好地满足电力运输的需求，减少损耗的发生量；同时，因为不同的地区经济发展水平存在差别，直接进行运维费总额的比较并不合适，所以采用每万元的资产运维费进行横向比较
		百公里线路故障停运率（45%）	从发展质量的视角衡量每一百公里出现输电线路故障的比率	计算百公里故障停运率，可以衡量公司对于减少客户的停电时长，保障线路良好运行所做出的努力；只有减少电路故障的发生，才能够更好地满足输电业务的需求，不仅要将电能输送到位，而且要保障安全稳定的连续输送
	变电运检	变电有效资产收益率（35%）	从经营效益的视角计算电网中有效资产所产生的输电业务收益率	计算变电有效资产收益率，可以衡量在变电业务中，公司拥有的净资产所能够产生收益率的大小；公司原本前期投入的固定资产在纳入电网之时，由于不同的地区变电线路、变电站折旧水平和人工成本费用存在差别，不能够进行直接比较，因此需要使用有效资产收益率水平来进行横向比较

（续表）

板块	业务线	指标名称（权重）	计算方式	指标说明
生产运行（40%）	变电运检	万元变电资产运维费（20%）	从管理效率的视角计算每一万元的变电资产需要多少运维费	计算万元变电资产运维费，可以衡量在变电业务中，公司对于变电资产所花费的运维费；只有不断地进行运营和维护，才能够很好地满足电力运行的需求，减少损耗的发生量；同时，因为不同的地区经济发展水平存在差别，直接进行运维费总额的比较并不合适，所以采用每万元的资产运维费进行横向比较
		单台变压器平均故障次数（45%）	从发展质量的视角计算单台变压器故障停运次数	单台变压器平均故障次数可以衡量变压器运行状况，反映设备管理水平
	配电运检	配电有效资产收益率（35%）	从经营效益的视角计算电网中的有效资产所产生的配电业务收益率	计算配电有效资产收益率，可以衡量在配电业务中，公司拥有的净资产所能够产生收益率的大小；公司前期累计投入固定资产在纳入电网之时，由于不同的地区配电站、配电线路的折旧水平和人工成本费用存在差别，不能够进行直接比较，因此需要使用有效资产收益率水平来进行横向比较
		万元配电资产运维费（20%）	从管理效率的视角计算每一万元的配电资产需要多少运维费	计算万元配电资产运维费，可以衡量在配电业务中，公司对于配电资产所花费的运维费；只有不断地进行运营和维护，才能够很好地满足电力正常运行的需求，尽量减少损耗的发生量；同时，因为不同的地区经济发展水平存在差别，直接进行运维费总额的比较并不合适，所以采用每万元的资产运维费进行横向比较

（续表）

板块	业务线	指标名称（权重）	计算方式	指标说明
生产运行（40%）	配电运检	10kV分线线损达标率（10%）	从发展质量的视角衡量配电线路线损达标水平	通过计算10kV分线线损达标率，可以衡量公司对于增强配电业务运行效率所做出的努力；只有提高10KV分线线损的达标率，才能够在满足配电业务需求和保障线路良好运行的基础上，降低消耗成本、提高经济效益
		用户平均故障停电时长（35%）	从发展质量的视角计算单位等效用户数故障停电时长	用户平均故障停电时长可以反映对用户用电的影响，衡量电网设备隐患排查治理、故障查找等管理水平
	调度通信	调度通信有效资产收益率（35%）	从经营效益的视角计算电网中的有效资产所产生的调度通信业务收益率	计算调度通信有效资产收益率，可以衡量在调度通信业务中，公司拥有的净资产所能够产生的收益率的大小；公司原本前期投入调度通信的固定资产在纳入电网之时，由于不同的地区调度通信设施折旧水平和人工成本费用存在差别，不能够进行比较，因此需要使用有效资产收益率水平来进行横向比较
		万元调度通信资产运维费（20%）	从管理效率的视角计算每一万元的调度通信资产需要多少运维费	计算万元调度通信资产运维费，可以衡量在调度通信业务中，公司对于调度通信资产所花费的运维费；只有不断地进行运营和维护，才能很好地满足电力运行的需求，减少损耗的发生量；同时，因为不同的地区经济发展水平存在差别，直接进行运维费总额的比较并不合适，所以采用每万元的资产运维费进行横向比较

（续表）

板块	业务线	指标名称（权重）	计算方式	指标说明
生产运行（40%）	调度通信	电力监控系统网络安全防护指数（45%）	从发展质量的视角计算各单位信息运行违规和网络安全违规情况	引导各单位强化信息网络安全防护，提升电力信息网络安全水平
	运检综合	电网有效资产收益率（35%）	从经营效益的视角计算电网有效资产产生的业务收益率	计算电网有效资产收益率，可以衡量在电网业务中，电网资产所产生的收益率大小；由于不同的地区变电线路、变电站折旧水平和人工成本费用存在差别，不能直接比较资产收益总量，因此需要使用有效资产收益率水平来进行横向比较
		万元电网资产运检综合管理成本（20%）	从管理效率的视角计算每一万元电网资产耗用的运检综合管理成本	通过万元电网资产运检综合管理成本的计算，可以衡量在电网业务中，公司消耗综合管理成本的高低水平；因为不同的地区资产规模存在差别，直接进行业务成本总额的比较并不合适，所以采用每万元业务成本进行横向比较
		运检类万户投诉率（45%）	从发展质量的视角衡量发生投诉的比率	计算运检类万户投诉率，可以衡量公司服务质量的高低；电网企业作为服务社会民生的重要单位，客户投诉将对企业的社会公信力产生较大影响；只有减少客户投诉的发生，才能够更好地满足用户对供电服务的需求，提高电网企业社会公信力

3.营销服务

在电力进入到客户端后，与客户相关的营销服务将会成为公司业务的重要组成部分。电网企业营销服务主要包括电能计量、客户经理服务客户需求等内容。设立营销服务业务条线，可以了解公司在进行营销服务时的经营效益、发展质量和管理效率，并由此进行所有供电单位间的横向比较，每个供电单位都可以根据自身的薄弱之处做出针对性的改进和提升。

营销服务的业务主线分为电能计量、客户服务、营销综合三个方面。营销服务映射关系见表4-6所列。结合各个业务条线单元管理职责、业务属性，构建"价值、组织、人员与业务活动"的映射关系。

表4-6 营销服务映射关系

价值管理分类	营销服务	
业务条线对应	电能计量、客户服务、营销综合	
"业务—价值"对应	利润总额	营业收入
	购电成本	营销成本
"组织—业务"对应	营销部	计量部
	市场客户室	电费室
	供电所	供电服务中心
"人员—组织"对应	营销、供电所、网格等人员	

营销服务业务板块包含三条业务线，分别是电能计量、客户服务和营销综合。根据营销业务的特点，针对性设计评价指标，推动市场激励有效落地和质效评价数字化转型。营销服务指标说明见表4-7所列，具体公式见附件2。

表4-7 营销服务指标说明

板块	业务线	指标名称（权重）	计算方式	指标说明
营销服务（30%）	电能计量	单位计量成本利润率（35%）	从经济效益的视角考察单位计量成本产生的内部市场利润	计算单位计量成本利润率，可以反映计量业务产生的内部市场利润水平；计量成本是开展计量业务中需要花费的人工成本和可控成本；在内部市场利润一定的条件下，较大的电能计量成本会产生较低的利润率，导致不必要的浪费；因此，需要将单位计量成本保持在合理水平，达到提高利润率的目的

（续表）

板块	业务线	指标名称（权重）	计算方式	指标说明
营销服务（30%）	电能计量	户均计量成本（20%）	从管理效率的视角考察每一户的计量成本	计算单位计量成本，反映公司在每一户的平均计量成本；较低的计量成本可以减少管理成本的支出，其可以通过提高管理效率的方法得以实现，如加强客户经理对于所管台区客户的巡查力度
		计量资产管理效能指数（25%）	计算计量资产流转及时率，反映超期电能表占比	考核计量资产管理效能指数，加强电能表资产流转管理，提高电能表使用效率
		用电信息采集管理指数（20%）	计算用电信息采集接入率、采集成功率、计量装置异常处理及时率	考核用电信息采集管理指数，引导提升采集接入率和计量装置异常处理及时率，提高采集成功率，确保计量数据完整准确
	客户服务	度电利润（35%）	从经营效益的视角计算单位电力销售能够产生的利润大小	计算度电利润，将很好地反映公司的平均盈利水平；因为不同的地区资产规模、客户群体存在差别，如果仅仅考察内部市场利润的话将不能够反映真实的情况，所以引入度电利润的概念；考察每度电能够产生的内部市场利润并进行横向比较，从而得到不同的地区排名情况
		单位业务承载客户服务成本（20%）	首先以线路长度、台区大小等业务参数确定业务承载量，再计算单位业务承载量客户服务成本	考核单位业务承载客户服务成本的高低，引导持续压降客户服务成本

（续表）

板块	业务线	指标名称（权重）	计算方式	指标说明
营销服务（30%）	客户服务	营销类万户投诉率（45%）	从发展质量的视角计算各单位万户营销类投诉工单数量	通过考核营销类万户投诉率，引导各单位聚焦提升"获得电力"，优化电力营商环境，全力提升优质服务水平
	营销综合	度电毛利（35%）	从经营效益的视角衡量每度电所产生的毛利	计算度电毛利指标，将反映公司在剔除营销服务成本后的实际盈利情况；因为不同的地区电力软硬件发展水平存在较大差别（如第一期农网改造不彻底）、供电服务环境存在不同（如山区、丘陵供电条件较差），所以引入度电毛利的概念剔除客观因素影响；扣除营销六项活动所花费的成本，考察每度电能够产生的内部市场毛利并进行横向比较，从而得到不同地区的排名情况
		户均营销综合管理成本（10%）	从管理效率的视角衡量每户需要付出的营销综合管理成本	计算户均营销综合管理成本，反映公司在每一位客户上所花费的营销综合管理成本大小
		台区综合线损率（45%）	从发展质量的视角来考量每个台区的线损情况	计算台区综合线损率反映每个台区规划设计、生产运行、经营管理的水平；配电台区线损过高，主要包括技术线损和管理线损两部分，通过技术改造及治理"跑冒滴漏"，可以降低电能损耗，提高电能的利用水平，有利于提升公司总体利润

（续表）

板块	业务线	指标名称（权重）	计算方式	指标说明
营销服务（30%）	营销综合	当月电费缴纳率（10%）	从管理效率的视角计算当月发行电费回收比例	通过考核当月电费缴纳率，传导总部"两金增幅与营收增幅差"指标；"两金"构成中应收电费余额占比较大，要重点做好应收电费余额压控，增强公司资金流动性，有力支撑公司经营

4. 运营管理

国网安徽省电力有限公司在进行 3 级内部市场构建中，专门将运营管理设定为四大业务板块的一部分。运营管理主要包括公司的日常经营、党建、后勤、财务、行政等内容。拥有良好运营体制的公司，可以快速解决管理中的问题，不断提高工作效率。国网安徽省电力有限公司作为与社会民生息息相关的大型央企，必须以更高要求、更高标准约束自身，构建高效运转的运营管理体制。

运营管理的业务主线即为运营管理，并不需要将其继续细分。运营管理映射关系见表 4-8 所列。结合公司运营管理职责、业务属性，构建"价值、组织、人员与业务活动"的映射关系。

表 4-8　运营管理映射关系

价值管理分类	运营管理	
业务条线对应	运营管理	
"业务—价值"对应	利润总额	成本消耗
"组织—业务"对应	办公室	物资
	人资部	财务部
	党建	审计部
"人员—组织"对应	管理类员工	

运营管理指标包含人均利润贡献、人均运营管理可控成本和依法合规经营性三个方面。运营管理指标说明见表 4-9 所列，具体指标公式见附件 2。

表 4-9　运营管理指标说明

板块	指标名称（权重）	计算方式	指标说明
运营管理（15%）	人均利润贡献（35%）	从经济效益的视角考察每位员工所能够产生的利润贡献	人均利润贡献越高，说明所有员工的工作积极性越高，为企业发展做出的贡献越大，公司管理综合水平和效率越高
	人均运营管理可控成本（20%）	从管理效率的视角反映公司每位运营管理岗位员工消耗的成本	较高的运营管理可控成本将降低公司的运营管理效率，不利于公司的发展进步
	依法经营合规性（45%）	从发展质量的视角反映公司是否能够依法合规经营	若无违法违规事件，则为 100%，发现一起扣 5%，扣完为止；该指标的设立旨在加强公司依法合规经营意识，达到安全生产、规范经营的目标

第二节　4-5 级市场管理体系

　　4-5 级市场是指在站所班组层面，将业务条线进一步向营配末端、生产一线延伸拓展，以供电所、输电、变电、计量等中心站所及下属班组岗位为市场主体，贯通"台—线—所"数据链路，以电流物理属性为主线，遵循电流物理属性和电网拓扑关系，通过构建收入成本传导机制、制定模拟过网电价等方式，精准量化最小电网单元效益贡献，推动价值管理和"花钱问效"理念向组织末梢、管理末端和业务前端延伸。

一、供电所 4-5 级市场

供电所 4-5 级市场以配变台区为微观经营单元，结合营销、用采系统"量价费损"数据，直接获取配变台区的售电收入及购电成本；将上级电网折旧、人工、检修运维、其他运营等成本按照关口供电量传导至配变台区，实现每一个配变台区收入、成本、利润的精准计量。厘清"台区-客户经理-供电所"隶属关系，自下而上依次聚合形成客户经理、供电所经营数据。主要评价供电所综合利润指数、供电所公变度电利润、台区综合线损率、供电所户均故障停电时长等指标。

（一）建设背景

中心供电所具有天然的微电网属性，具备完整的市场要素，通过内部市场评价，能够在营配末端压实管理责任，树立"质、效"管理意识。对应组织层级和结构，分别明确供电所长、客户经理为供电所 4-5 级市场的质效责任人，晾晒各级市场主体质效账本，督促各供电所和客户经理通过"与标杆比、与平均比、与自身比"相结合，助力各层级管理者在线查短板、补弱项。通过内部市场评价、挂钩配套薪酬分配等机制，引导各级市场质效责任人眼睛向内、持续挖潜增效、降本增效，实现人人都是经营者，激发基层班组和员工主动创效活力。

（二）建设思路

围绕供电所、客户经理、公变台区等市场经营主体，基于效益、效率、质量三个维度，设置三套指标评价体系，通过汇聚收入、成本等价值数据信息，纵向条线汇聚、横向同质可比，客观反映供电所经营效益、台区运行质量，实现对不同经营主体价值贡献的精准反映和投入产出的科学评价。建立内部市场评先评优机制，出具"运行＋诊断"智能分析两份报告，选出质效双优"百佳所""千佳人""万佳变"，打造百千万质效标杆，有效传递经营压力。

（三）体系内容

1. 评价主体

供电所 4-5 级市场评价主体包括 847 个供电所（四级市场）、1.2 万名客户经理（五级市场）、25 万公变台区（六级评价对象），明确评价对象（组织）与评价人员（质效经理人）的映射关系。

2. 指标体系

供电所 4-5 级市场围绕供电所、客户经理、台区三个评价主体，从经营效益、管理效率、发展质量等维度分别设置指标评价体系。供电所 4-5 级市场指标体系见表 4-10 所列。

表 4−10　供电所 4−5 级市场指标体系

市场等级	指标类型	类别权重	指标名称（权重）
四级市场 （供电所）	经营效益	30%	供电所综合利润指数（5%）
			供电所公变度电利润（25%）
	管理效率	25%	单位业务承载量营销服务成本（5%）
			供电所人均业务承载量（5%）
			供电所投诉数量（5%）
			当月应收电费到账率（10%）
	发展质量	45%	供电所户均故障停电时长（15%）
			供电所公变低电压台区占比（15%）
			供电所台区综合线损率（15%）
五级市场 （客户经理）	经营效益	20%	责任台区综合利润指数（5%）
			责任台区公变度电利润（15%）
	管理效率	15%	月度电费回收水平（15%）
	发展质量	50%	责任公变台区线损率/责任专变台区线损率（25%）
			责任台区公变低电压台区占比（25%）
	工作量	15%	责任台区综合户数（15%）
台区	经营效益	20%	台区利润（5%）
			台区度电利润（15%）
	管理效率	35%	台区停电损失（25%）
			台区电费回收率（10%）
	发展质量	45%	台区线损率（45%）

（四）供电所价值管理模式

　　搭建以"度电利润"为核心，以量化管理效率和发展质量的业务指标为"两翼"的内部市场管理模式，以真实可靠的数据洞察各供电所、各台区经营全貌，为电力建设运维提供依据；构建"比贡献、比效率、比质量"的价值导向体系，激发基层员工创效活力，培育全员价值管理理念。其主要做法如下：

　　一是夯实数据基础，贯通数据链路，做好价值守护。建立营销、生产、财务的数据贯通机制，成立公司级数字化保障办公室，主要检查数据断点、脱节情况，对各系统间数据的一致性、完整性、可靠性进行检查；进一步细化预算分解颗粒度、成本核算规则，精准计量各台区发生的成本、获得的收益，以真实可靠的数据洞察各供电所、各台区经营全貌。

二是围绕"一核两翼",展开多维分析,实现价值创造。在业财融合基础上,对"度电利润"各因子进行模块化解读,对单个台区数据进行纵向比、横向比。分析各台区各类成本占比,进行各类成本投入的经济性评价,降低非必要性或收益性低的成本投入,提高成本经济性;分析成本投入前一百位台区的"度电利润",督促资金有效使用;分析"度电利润"前一百位台区线损、容载比、采集成功率、人工成本等数据,为利润再提升提供方向。

三是定期出具诊断报告,"以效定酬"精准激励,追求价值引领。内部市场评价系统定期出具诊断报告,针对管理提升关键环节,建立配电台区"流动红旗"对标制度,配套实施"业绩考核＋薪酬分配"改革,对员工进行"精准奖惩",实现价值创造与薪酬挂钩,推进企业价值提升与员工获得感同向驱动。

二、计量 4－5 级市场

计量 4－5 级市场是在电能表计量统计层面,以电能表为最小评价单元,以计量资产全寿命周期管理为主线,客观评价计量中心、班组在电能表购、检、配、领、装、拆、利旧与报废等各环节的经营管理质效。依据"电能表－装表计量班－计量中心"隶属关系,精准计量每一个班组、中心的模拟收入、实际成本和模拟利润;横向对标计量中心、班组在电能表需求预测管理、库存管理、运行监测管理、闭环管理等方面的质效管理水平。

(一) 构建背景

一是深化内部市场应用的需要。构建计量市场方案,满足开展精准评估、量化考核的需要,层层传导压力,从根本上扭转只管投入不问产出现象;需要依托多维精益管理研究成果,进一步推动全业务数据融合,挖掘大数据资产价值,建立突出价值导向的内部市场体系,有效传递经营压力、提高经营意识,推动公司数字化转型和精益化管理,开展内部市场建设研究及深化应用工作。

二是提升计量表计管理的必要性。目前计量表计各环节管理存在一定的问题:首先是需求预测偏差较大,因需求上报与实际领用电能表存在时间差异,为保证月度表计领用需要,造成月度需求上报与实际领用差异达 50％以上;其次是设备库存时间、平均在库时间较长,导致设备周转效率低下;最后是设备平均寿命较短的问题。设备在表计管理方面亟须加强,以延长设备使用周期。

（二）工作思路

从公司层面树立内部市场经营理念，以数据为基础、以业务为关键、以人员为根本、以应用为核心，通过迭代优化，持续完善内部市场建设应用，最大程度激发公司内生动力，把资源优势转化为竞争优势，将资源存量转化为价值流量。

从内部市场的角度梳理电能表全寿命周期价值拓扑图，建立表计成本效益模型，将计量中心、班组作为独立经营主体，将电能计量运行质效责任逐层传导至计量班、装表员，结合各类电能计量活动标准服务交易价格计算模拟业务收入，将电能表日常运维各类人工成本、采集成本、检修成本归集为模拟业务成本，计算计量内部市场利润。

从电能计量末端管理，以打通电能表最后一公里为目标，引入市场化竞争机制，将电能表全流程工作作为内部五级模拟市场所交易的商品，采用市场化手段量化电能表管理工作，激发各环节人员积极性，解决表计折旧率不高、表计库存时间过长、表计全寿命周期利用率较低、员工精益管理意识薄弱等突出问题。

1. 工作目标

将计量生产经营单元作为四五级市场主体，建立从上到下、从里到外的结算体系，实现标准交易价格结算和支付服务，将内部市场主体之间的关系转变为结算服务和支付服务的关系。生产经营中产生的各类人工成本、可控成本按照多维核算要求归集至各个内部市场主体，促进各级主体以降本增效为中心，树立"作业、价值、经营"理念。

2. 工作原则

以五级市场为主体，在五级市场框架下试点建设计量内部四五级市场。以"计量内部利润＝模拟收入－归集成本"为基础，以效益为导向，以标准成本为标准交易价格参考，以电能表最后一公里提升目标为业务导向，在公司计量中心、供电所营业班两级计量管理体系内，构建涵盖效益、效率、质量的三维内部市场。

（三）体系内容

1. 评价主体

建立涵盖 87 个四级主体，800 余个五级主体的计量市场 4－5 级指标体系，明确评价对象（组织）与评价人员（质效经理人）的映射关系。四级市场主体为市公司营销部（计量中心）和县公司具有计量综合管理职责的计量班。五级市场主体为虚拟设置的班组及计量管理单元。计量市场 4－5 级评价主体见表4－11所列。

表 4-11　计量市场 4-5 级评价主体

市场级别	名称	所属单位
四级市场	电费计量中心	市供电公司
	营销部（计量班）	县公司
五级市场	供电服务中心计量管理单元	供电服务中心
	中心供电所计量管理单元	县公司营销部（计量）

2. 指标体系

计量市场评价指标体系见表 4-12 所列。计量四级内部市场体系包含三类七个指标，计量五级内部市场体系包含三类八个指标。

表 4-12　计量市场评价指标体系

市场级别	指标类型	指标名称	计算公式
四级市场	经营效益	度电计量内部利润（15%）	计量内部利润/售电量
		户均计量内部利润（15%）	计量内部利润/期末电力户数
		户均计量成本（20%）	（计量人工成本＋计量可控成本）/（期末电力户数）/（地市或县公司人口密度均值/全省人口密度均值）
		计量资产流转及时率（20%）	（所有在库电能表－超期电能表）/所有在库电能表
	管理效率	HPLC 报废电能表平均服役表龄（15%）	HPLC 报废电能表平均表龄
	发展质量	用电信息采集管理指数（15%）	采集接入率×10%＋采集成功率×80%＋计量装置异常处理及时率×10%
五级市场	经营效益	供电所计量户均内部利润（20%）	计量内部利润/平均电力用户数＊10000
		供电所计量户均服务收入（20%）	计量服务收入/平均电力用户数＊10000

（续表）

市场级别	指标类型	指标名称	计算公式
五级市场	管理效率	供电所拆回电能表处理及时率（30%）	及时返送县公司库房拆回电能表数量/所有拆回电能表数量
		每万户库存电能表数量（0%）	剔除拆回电能表后，每万户库存电能表数量低于省均万户电能表库存值2倍得满分，高于2倍按差值法赋分
	发展质量	供电所HPLC报废电能表平均表龄（10%）	新装电能表报废时平均服役表龄＊90%＋利旧电能表报废时平均总服役表龄＊10%
		用电信息采集管理指数（10%）	采集接入率×10%＋采集成功率×80%＋计量装置异常处理及时率×10%
		电力市场化设备改造完成率（5%）	全年改造户数/年度计划改造户数×100%
		09版电能表改造完成率（5%）	实际完成改造户数/年度计划改造户数×100%

三、输变电 4－5 级市场

输变电 4－5 级市场是指在生产一线输变电层面，以变电站、输电线路为最小评价单元，按照"（准许成本＋准许收益）/输送电量"核价公式制定标准过网电价，结合输入和输出电量计算站线输送毛利，减去资产组直接归集的折旧、人工、运维等各类成本费用，构建每一个站线投入产出模型。厘清"站线－班组－运检中心"隶属关系，自下而上聚合形成运维班组、运检中心经营数据。依托电网 4D 全时空 GIS 地图信息全景展现全省输、变电网结构及站线分布。

（一）建设背景

2021 年，内部市场体系初步建成，实现供电所层面 4－5 级市场的全面推广，数字化"内部五级市场"平台贯通上线，引导各级干部员工更好地树立"质效"理念。2022 年是"十四五"规划的深化之年，是国企改革三年行动的收官之年，也是第三监管周期输配电价的核价之年。面对电量增幅放缓、电价增长空间有限与投资需求刚性增长的"双重压力"，需要进一步强化预算价值引领，激发经营创效活力，服务构建价值管理新格局。2022 年，财务经营形势依然错综复杂，公司提质增效工作迫切需要进一步深化。深化内部市场建设应用，典型设立推广输电、变电条线 4－5 级内部市场，有助于激发创效微单元内生动力，推动公司高质量发展，助力公司在"一体三化"现代能源服务中实现跨越发展。

(二) 建设思路

1. 构建目标

推广输变电 4－5 级市场，提升公司输变电运行维护效率，进一步释放内部改革效能，激发基层活力动力，突出员工管理价值，实现设备价值和管理价值融合。坚持数字化转型，依托数据中台，建设聚合各类资源的市场运行平台，精准反映价值贡献，推动输变电运检业务管理质效提升。

2. 总体思路

输变电 4－5 级市场建设通过划小经营单元，以输电线路和变电站为效益分析原点，分析输变电环节经营效益、管理效率、发展质量的内在逻辑关系，构建"三评价、三挂钩"评价体系，即评价每条线路（变电站）投入产出、评价每一个班组管理效能、评价每一个成员工作效率，评价结果与奖励工资相挂钩、与预算安排相挂钩、与人员晋升相挂钩，综合评价投入产出关系，并以内部模拟利润为具体价值创造的衡量基础，体现机构及人员贡献度，实现"花钱问效"价值管理理念全面落地。

3. 工作机制

（1）完善建设机制

由财务部牵头，人资部、设备部、发展部、调控中心配合完成。设计输电线路、变电站等资产信息标准，组织各部门研究，形成统一管理原则。其中，财务部负责完成 ERP 财务数据标准，人资部负责完成 ERP 人资数据标准，设备部负责完成 PMS 数据标准，发展部负责完成同期线损数据标准，调控中心负责完成电网电能量计量系统数据治理工作。

（2）优化运行机制

建立数据校验机制，明确指标计算逻辑及溯源路径，及时对接对口业务部门，基于数据中台，运用内部市场指标体系运行规则，实时反映各单位数据质量，同时推动数据治理，确保系统准确反映市场运行情况，同步验证数据准确性，推动公司数据中台进一步完善。

（3）加强项目管控

加强项目全过程管理，各部门、项目组及时确认溯源逻辑、溯源结果。后勤保障部门做好项目建设过程数据、设备、后勤等保障工作。

(三) 评价体系

1. 评价主体

建立涵盖87个四级主体，100余个五级主体的输变电市场4—5级指标体系。四级市场主体为市县公司输变电运检中心。五级市场主体为市县公司输变电运检单元。输变电市场4—5级评价主体见表4—13所列。

表4—13 输变电市场4—5级评价主体

市场级别	名称	所属单位
四级市场	输电运检中心	市县供电公司
	变电运检中心	市县供电公司
五级市场	输电运检单元	市县供电公司
	变电运检单元	市县供电公司

2. 指标体系

延续省公司1—3级市场评价指标体系，建立输变电4—5级市场评价指标体系。按照经营效益、管理效率、发展质量等维度，分别设置变电站、输电线路评价指标。输变电四级市场评价指标体系见表4—14所列。

表4—14 输变电四级市场评价指标体系

市场主体	指标类型	指标名称	计算公式
四级市场（变电运检中心）	经营效益（40%）	变电内部市场利润（5%）	内部市场利润（运检中心）
		万元变电资产内部市场利润（35%）	内部市场利润（运检中心）/ ［变电站资产原值（运检中心）/10000］
		万容量变电内部市场利润（仅展示）	35kV变电站万容量内部市场利润（运检中心）×35kV变电站资产原值占比（运检中心）＋110kV变电站万容量内部市场利润（运检中心）×110kV变电站资产原值占比（运检中心）＋220kV变电站万容量内部市场利润（运检中心）×220kV变电站资产原值占比（运检中心）＋500kV及以上变电站万容量内部市场利润（运检中心）×500kV及以上变电站资产原值占比（运检中心）

（续表）

市场主体	指标类型	指标名称	计算公式
四级市场（变电运检中心）	管理效率（30%）	万元变电资产运维成本（仅展示）	［变电站调整后检修运维成本（运检中心）＋变电站人工成本（分摊）（运检中心）］／［变电站资产原值（运检中心）／10000］
		万容量变电运维成本（15%）	35kV变电站万容量运维成本（运检中心）×35kV变电站资产原值占比（运检中心）＋110kV变电站万容量运维成本（运检中心）×110kV变电站资产原值占比（运检中心）＋220kV变电站万容量运维成本（运检中心）×220kV变电站资产原值占比（运检中心）＋500kV及以上变电站万容量运维成本（运检中心）×500kV及以上变电站资产原值占比（运检中心）
		变电投入产出率（15%）	变电站收入（运检中心）/变电站成本（运检中心）
	发展质量（30%）	变压器故障停运率（30%）	35kV变压器故障停运率（运检中心）×0.1＋110kV变压器故障停运率（运检中心）×0.2＋220kV变压器故障停运率（运检中心）×0.7
四级市场（输电运检中心）	经营效益（40%）	输电内部市场利润（5%）	输电线路内部市场利润（运检中心）
		万元输电资产内部市场利润（35%）	输电线路内部市场利润（运检中心）／［输电线路资产原值（运检中心）／10000］
		单位公里输电内部市场利润（仅展示）	35kV输电线路单位公里内部市场利润（运检中心）×35kV输电线路资产原值占比（运检中心）＋110kV输电线路单位公里内部市场利润（运检中心）×110kV输电线路资产原值占比（运检中心）＋220kV输电线路单位公里内部市场利润（运检中心）×220kV输电线路资产原值占比（运检中心）＋500kV及以上输电线路单位公里内部市场利润（运检中心）×500kV及以上输电线路资产原值占比（运检中心）

（续表）

市场主体	指标类型	指标名称	计算公式
四级市场（输电运检中心）	管理效率（30%）	万元输电资产运维成本（仅展示）	［输电线路调整后检修运维成本（运检中心）＋输电线路人工成本（分摊）（运检中心）］／［输电线路资产原值（运检中心）／10000］
		单位公里输电运维成本（15%）	35kV输电线路单位公里运维成本（运检中心）×35kV输电线路资产原值占比（运检中心）＋110kV输电线路单位公里运维成本（运检中心）×110kV输电线路资产原值占比（运检中心）＋220kV输电线路单位公里运维成本（运检中心）×220kV输电线路资产原值占比（运检中心）＋500kV输电线路单位公里运维成本（运检中心）×500kV输电线路资产原值占比（运检中心）
		输电投入产出率（15%）	输电线路收入（运检中心）／输电线路成本（运检中心）
	发展质量（30%）	百公里输电线路故障停运率（30%）	35kV输电线路百公里故障停运率（运检中心）×0.1＋110kV输电线路百公里故障停运率（运检中心）×0.2＋220kV输电线路百公里故障停运率（运检中心）×0.7

在输变电四级市场评价指标体系的基础上细化任务分解目标，构建输变电五级市场评价指标体系，见表4-15所列。

表4-15 输变电五级市场评价指标体系

市场主体	指标类型	指标名称	计算公式
五级市场（变电运检单元）	经营效益（40%）	变电内部市场利润（5%）	内部市场利润（运检单元）
		万元变电资产内部市场利润（35%）	内部市场利润（运检单元）／［变电站资产原值（运检单元）／10000］

（续表）

市场主体	指标类型	指标名称	计算公式
五级市场（变电运检单元）	经营效益（40%）	万容量变电内部市场利润（仅展示）	35kV 变电站万容量内部市场利润（运检单元）×35kV 变电站资产原值占比（运检单元）+110kV 变电站万容量内部市场利润（运检单元）×110kV 变电站资产原值占比（运检单元）+220kV 变电站万容量内部市场利润（运检单元）×220kV 变电站资产原值占比（运检单元）+500kV 及以上变电站万容量内部市场利润（运检单元）×500kV 及以上变电站资产原值占比（运检单元）
	管理效率（30%）	变电投入产出率（10%）	变电站收入（运检单元）/变电站成本（运检单元）
		万元变电资产运维成本（运检单元）（10%）	［变电站调整后检修运维成本（运检单元）+变电站人工成本（分摊）（运检单元）］/［变电站资产原值（运检单元）/10000］
		万容量变电运维成本（运检单元）（10%）	35kV 变电站万容量运维成本（运检单元）×35kV 变电站资产原值占比（运检单元）+110kV 变电站万容量运维成本（运检单元）×110kV 变电站资产原值占比（运检单元）+220kV 变电站万容量运维成本（运检单元）×220kV 变电站资产原值占比（运检单元）+500kV 变电站万容量运维成本（运检单元）×500kV 变电站资产原值占比（运检单元）
	发展质量（30%）	变压器故障停运率（30%）	35kV 变压器故障停运率（运检单元）×0.1+110kV 变压器故障停运率（运检单元）×0.2+220kV 变压器故障停运率（运检单元）×0.7

（续表）

市场主体	指标类型	指标名称	计算公式
五级市场（输电运检单元）	经营效益（40%）	输电内部市场利润（5%）	输电线路内部市场利润（运检单元）
		万元输电资产内部市场利润（35%）	输电线路内部市场利润（运检单元）/［输电线路资产原值（运检单元）/10000］
		单位公里输电内部市场利润（仅展示）	35kV输电线路单位公里内部市场利润（运检单元）×35kV输电线路资产原值占比（运检单元）+110kV输电线路单位公里内部市场利润（运检单元）×110kV输电线路资产原值占比（运检单元）+220kV输电线路单位公里内部市场利润（运检单元）×220kV输电线路资产原值占比（运检单元）+500kV及以上输电线路单位公里内部市场利润（运检单元）×500kV及以上输电线路资产原值占比（运检单元）
	管理效率（30%）	输电投入产出率（10%）	［输电线路调整后检修运维成本（运检单元）+输电线路人工成本（分摊）（运检单元）］/［输电线路资产原值（运检单元）/10000］
		万元输电资产运维成本（10%）	输电线路收入（运检单元）/输电线路成本（运检单元）
		单位公里输电运维成本（10%）	35kV输电线路单位公里运维成本（运检单元）×35kV输电线路资产原值占比（运检单元）+110kV输电线路单位公里运维成本（运检单元）×110kV输电线路资产原值占比（运检单元）+220kV输电线路单位公里运维成本（运检单元）×220kV输电线路资产原值占比（运检单元）+500kV及以上输电线路单位公里运维成本（运检单元）×500kV及以上输电线路资产原值占比（运检单元）

（续表）

市场主体	指标类型	指标名称	计算公式
五级市场 （输电运 检单元）	发展质量 （30%）	百公里输电线路故障停运率 （30%）	35kV 输电线路百公里故障停运率（运检单元）×0.1＋110kV 输电线路百公里故障停运率（运检单元）×0.2＋220kV 输电线路百公里故障停运率（运检单元）×0.7

在输变电四级和五级市场的基础上，针对输变电最终责任落地核心的变电站、输电线路，构建输变电市场最小评价单元（变电站、输电线路）评价指标体系，见表 4-16 所列。

表 4-16 输变电市场最小评价单元评价指标体系

市场主体	指标类型	指标名称	计算公式
最小评价 单元 （变电站）	经营效益 （40%）	变电站内部市场利润 （5%）	变电站内部市场利润＝变电站输出电量×变电站过网电价－变电站损耗价值－变电站资产折旧－变电站人工成本（分摊）－变电站调整后检修运维成本－变电站分摊上级内部成本
		变电站万元资产 内部市场利润（20%）	变电站内部市场利润/（变电站资产原值/10000）
		变电站万容量内部市场利润 （15%）	变电站内部市场利润/（变电站额定容量/10000）
	管理效率 （40%）	变电站万元资产运维成本 （15%）	（变电站检修运维成本＋变电站调整后检修运维成本）/（变电站资产原值/10000）
		变电站万容量运维成本 （15%）	（变电站检修运维成本＋变电站调整后检修运维成本）/（变电站额定容量/10000）
		变电站投入产出率（10%）	变电站收入/变电站成本
	发展质量 （20%）	变电站变压器故障停运率 （20%）	在运变压器故障停运次数/变压器百台年数

（续表）

市场主体	指标类型	指标名称	计算公式
最小评价单元（输电线路）	经营效益（40％）	输电线路内部市场利润（5％）	输电线路输出电量×输电线路架空部分过网电价×输电线路架空部分长度＋输电线路输出电量×输电线路电缆部分过网电价×输电线路电缆部分长度－输电线路损耗价值－输电线路资产折旧－输电线路人工成本（分摊）－输电线路调整后检修运维成本－上级分摊内部成本
		输电线路万元资产内部市场利润（20％）	输电线路内部市场利润/（输电线路资产原值/10000）
		输电线路单位公里内部市场利润（15％）	输电线路内部市场利润/输电线路公里数
	管理效率（40％）	输电线路万元资产运维成本（15％）	［输电线路调整后检修运维成本＋输电线路人工成本（分摊）］/（输电线路资产原值/10000）
		输电线路投入产出率（10％）	［输电线路调整后检修运维成本＋输电线路人工成本（分摊）］/输电线路公里数
		输电线路单位公里运维成本（15％）	输电线路收入/输电线路成本
	发展质量（20％）	百公里输电线路故障停运率（20％）	输电线路故障停运次数/输电线路百公里

第五章

"内部五级市场"
应用实践

　　围绕提质增效专项行动，聚焦效率效益提升，国网安徽省电力有限公司各基层单位积极探索内部模拟市场建设，深化全面预算绩效评价和业绩考核，通过精准评价内部各级组织的价值贡献，实施精准考核、精准激励，引导各层级、各专业更加注重强管理、比贡献、提质效，形成了极具特色的创新实践。因此，本章对基层单位内部市场建设深化应用建设方案进行介绍，以期为其他电网公司提供参考借鉴。

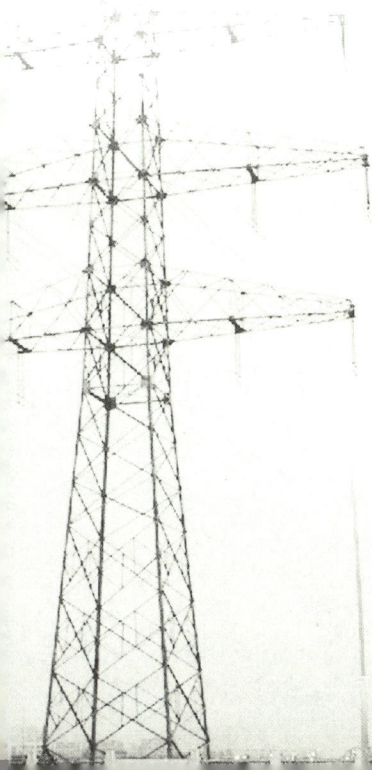

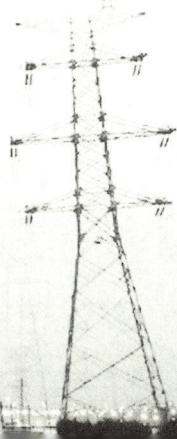

第一节 贵池公司"内部五级市场"应用实践

　　2020年5月，国网安徽省电力有限公司池州市贵池区供电公司（简称"贵池公司"）在省公司统一部署下，先行先试，开展供电所层面内部模拟市场建设。通过划小评价单元，模拟市场运行的方式，进一步调动了员工工作激情，初步形成了"攒绩效积分、兑质效工资""我要干、要干好"的新生态。

一、应用概况

（一）实施背景

　　进入新发展阶段，公司面临的外部环境日益严峻，电网企业新阶段的主要挑战是电网的可持续发展与社会降低电价预期之间的矛盾；政府监管要求加快建立健全市场化经营机制，激发企业经营活力、提高资本配置效率；内部管理短板凸显，供电所缺员现象严重，公司七个供电所现有农电员工253名，平均年龄48岁，其中50岁以上119人、近三年退休42人，现有的薪酬体系缺少弹性，未体现"按劳分配、多劳多得"原则，员工对企业生存危机意识不强、工作积极性不高、主动服务意识不足，小微电网成本效益不能科学量化，企业价值未能实现最大化。

（二）建设思路

　　以问题为导向，以价值为引领，利用多维建设成果，贵池公司着力探索以市场化手段解决农电队伍缺员、工作质效不高等问题。公司基于内部市场理念，构建覆盖各市场主体工作承载量价值的积分机制和质效评价体系，通过数字化平台，全面客观反映四、五级经营主体投入产出和价值贡献，将质效评价结果应用于绩效考核及薪酬分配，激发各经营主体创效活力；推进内部市场常态化运营，强化业务管理与经营管理的协同融合，培育全员价值管理理念，更好地服务经济社会发展和满足人民美好生活要求的用电需求，在履行"三大责任"中彰显价值担当。

二、应用方案

　　围绕"三个聚焦"（聚焦多维提质增效、聚焦营配末端评价、聚焦职业素养提升），探索"三定两应用，构建价值管理新格局"示范模式，推动价值管理向管理末端和业务前端延伸。

（一）划分末端资产，确定评价对象

资产是创造价值的基础，也是价值管理的载体。贵池公司以激发员工创效活力为出发点，打破传统地域约束，以"1＋N"条 10 千伏线路为基本单元划分营配末端资产组，并同步在七个中心供电所建立 24 个由若干客户经理组成的网格小组，在中心供电所和网格小组层面分别设立"质效经理人"。结合配电业务"监护＋操作"工作性质，将五级市场评价主体定位为网格班组，网格班组内分工明确、技能互补，班组间承载稳定、责任清晰、质效评价可落地。组织与人员对应关系见表 5－1 所列。

表 5－1　组织与人员对应关系表

内部市场层级	市场主体	质效经理人	人员组成
四级市场	中心供电所	供电所经营管理层	供电所长、"三员"等
五级市场	网格小组	业务层	网格小组成员

（二）搭建数据模型，算定价值积分

依据梳理的电网设备拓扑关系及多维核算成果，通过在 PMS 补关键字段，打通系统数据链路断点，贯通资产组与客户、营配活动及人员组织之间的数据关联，数据链路如图 5－1 所示。

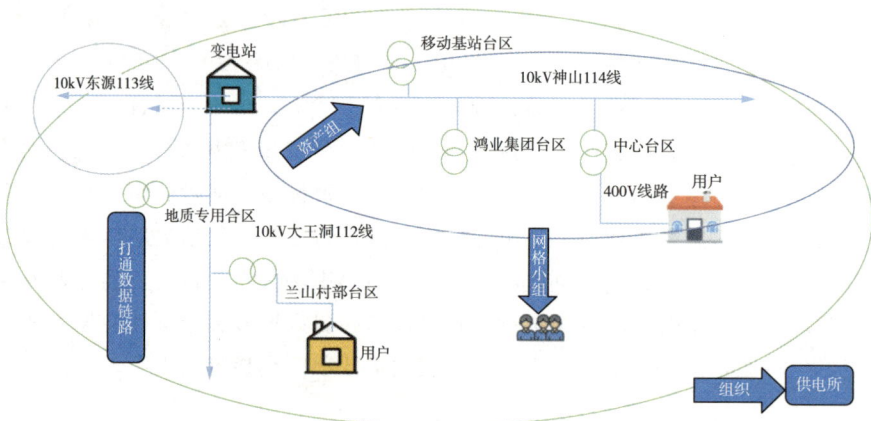

图 5－1　数据链路图

通过数据中台，建立七个中心供电所、24个网格小组同113条10kV线路及附属1596个公变台区、14.90万个用户数据映射关系。通过PMS、营销系统，获取资产组关键参数信息，如线路长度、地形系数、公专变数量、用户数等，建立数据模型，将资产组参数量化为营配末端维护工作承载量积分，并转换为工资。

目前，公司五级市场工作承载量价值积分最高的是乌沙中心供电所秋江网格小组，人均积分1645.09分；最低的是牛头山中心供电所新洲网格小组，人均积分1385分。按照客户经理服务范围将积分配到个人后，最高的是乌沙中心供电所秋江网格小组钱某某，达到了1900分。

(三) 设置多维指标，评定质效贡献

对中心供电所、网格班组层面分别设置月度、年度市场质效评价指标，以资产组中每一线路、每一台区为最小评价单元开展评价，精准量化各层经营主体市场质效业绩贡献，客观评价数据，进行动因分析并持续改善，月度和年度指标体系分别见表5-2、表5-3所列。

年度指标体系围绕经营效益、管理效率、发展质量三个维度，以经营效益提升为核心，突出价值引领，在供电所、网格班组分别设置八项、六项指标，实时评价量化供电所管理层、网格班组质效贡献。

表5-2 月度指标体系

序号	市场等级	指标类别	评价指标	分值
1	供电所	管理效率	配变故障停运率	80
2			故障平均修复时长	40
3			综合采集成功率	60
4			公变频繁停电指数	40
5			计量管理规范率	5
6			电费回收率	60
7			反窃电、查违任务完成率	10
8		发展质量	运检类投诉数	60
9			营销类投诉数	60
10			低压业扩平均接电时长达标率	10
11			同期分线线损达标率	20
12			经济运行台区占比	30
13			0.4kV台区综合线损率	25

（续表）

序号	市场等级	指标类别	评价指标	分值
14	网格小组	管理效率	配变故障停运数	
15			单条次线路（含单一台区）故障修复时长	
16			采集低压用户失败数	
17			电费回收率	
18		发展质量	运检类投诉数	
19			营销类投诉数	
20			0.4kV台区综合线损率	

依托省公司统建供电所4—5级市场平台，围绕供电所利润、度电利润、台区综合线损率、停电时户数、电费回收率等指标，对标对表，实时评价供电所经营效益、台区运行质量，量化供电所管理层、网格小组质效贡献。

表5-3 年度指标体系

序号	市场等级	指标类别	指标名称	指标权重
1	供电所	经营效益	供电所利润	10%
2			供电所公变度电利润	30%
3		管理效率	供电所公变户均营销服务成本	10%
4			供电所电费回收率	10%
5		发展质量	供电所台区综合线损率	16%
6			供电所采集成功率	8%
7			供电所故障停电时户数	8%
8			低电压台区占比	8%
9	网格小组	经营效益	责任台区利润	10%
10			责任台区度电利润	30%
11		管理效率	责任台区停电损失	18%
12			责任台区电费回收率	8%
13		发展质量	责任台区采集成功率	4%
14			责任台区线损率	30%

(四）薪酬配套应用，激发干事热情

1. 月度考核兑现

设置月度质效奖，四级考核结果同质效责任人（管理层）每月绩效工资的50％挂钩，五级考核结果同质效经理人（小组成员）每月绩效工资的100％挂钩，自2020年9月以来，已兑现市场考核工资700万元，合理拉开收入差距。

2. 年度考核兑现

设置年度效益贡献奖，全面承接4－5级"百千万"评价结果。四级、五级质效经理人年度效益贡献奖计算公式如式5－1、式5－2所示。

四级质效经理人年度效益贡献奖＝工作承载量积分×（供电所评价得分/标准分＋千佳人比率/10＋万佳变比率/10）×积分单价 (式5－1)

五级质效经理人年度效益贡献奖＝工作承载量积分×（客户经理评价得分/标准分＋奖励系数）×积分单价 (式5－2)

(五）市场机制应用，创新管理模式

贵池公司以解决人员"承载力"不足为导向，试点将部分网格营配末端业务整体外包，工作要求、费用结算及管理评价参照内部市场方式，实行同质化管理，为供电所缺员提供有效解决模式，显著发挥"鲇鱼效应"。

2021年4月，贵池公司将梅街所棠溪片区网格班组营配末端业务整体外委，应用市场机制，引领外包人员提高工作主动性、价值创造能力，促进外包业务规范化管理。业务外委后，网格班组成员主动学习"内部五级市场"体系，对标分析，紧扣配变故障停运率等落后指标，开展清障、防外破排查，7－9月均未发生配变停运，每月奖励142分，在24个网格小组中排名前三。棠溪班组外包费用（绩效工资）月度结算见表5－4所列。

表5－4 棠溪班组外包费用（绩效工资）月度结算表

月份	外包人数	工作承载量积分	质效得分	考核得分	外包费用（元）	人均费用（元）
	M0	M1	M2	M3＝M1＋M2	M4＝M3×1.75	M5
5月	3	4656	－64.5	4591.5	8035.13	2678.38
6月	3	4656	180	4836	8463.00	2821.00
7月	3	4656	249.5	4905.5	8584.63	2861.54
8月	3	4656	242	4898	8571.50	2857.17
9月	3	4656	268	4924	8617.00	2872.33

三、应用效果

（一）"多劳多得"激发干事热情

构建以资产组规模量化营配末端维护工作承载量的工资新机制，打破了供电所员工收入以岗位系数为主，干多干少都一样的"大锅饭"模式，形成了"挣工资"的价值导向，激发员工干活挣分热情，有效缓解农电用工缺员压力。牌楼供电所实施内部市场试点后，月度绩效工资人均增长11.08%，供电所员工月收入增长最高的达20.82%，收入减少最高达15.38%，6名客户经理收入超过了管理人员。

（二）"按质兑现"力促指标提升

根据"按质兑现"的绩效评价新体系，员工绩效工资与市场评价业绩贡献匹配，发挥了市场"指挥棒"作用，员工对指标开始"斤斤计较"，经营指标不断向好。如10千伏分线线损合格率由2020年同期96.84%上升到2021年6月末的98.95%，配变频停指数2021年6月末为0.0635次/总台数，同比下降60.83%。台区综合线损率持续下降，从2020年初的3.76%降至2021年6月份的2.67%，下降了1.09个百分点。2021年，公司三次入围百强县、三次入围百强所。公司配网整体管理水平、客户服务水平显著提升。2021年6月，公司同业对标全省排名第六，创历年最好成绩。

（三）"多维诊断"挖掘数据价值

依托"数字化内部五级市场"平台，量化小微电网质效贡献，实时分析多维评价指标优劣，深挖影响企业经济运行及经济效益指标数据价值，查找动因，持续改善。

（四）"算明细账"传导价值理念

考核结果同质效责任人绩效工资挂钩，如停一次电给公司带来多少损失，对自己个人收入有多少影响，切实推动员工改变"只管干、不管算"的思想观念，传导"花钱问效"的价值理念。

（五）"多方认同"树立社会形象

试点工作得到省公司财务部高度重视并多次调研。2020年11月，贵池公司作为基层单位迎接清华大学经管学院调研，并入选专业教学案例。《国家电网报》《中国电力报》相继介绍公司"内部五级市场"试点成效。

第二节　宣城公司"内部五级市场"应用实践

一、应用概况

(一) 实施背景

一是农电队伍缺员且老龄化严重。宣州供服下辖供电所现有农电员工 276 名,平均年龄 49 岁,近三年将退休 37 人,人员无法及时补充,人均运维量逐渐增大,大部分所长分配工作难度较大。因此,必须构建新的绩效分配模式,让基层员工愿意干。

二是绩效报酬与员工贡献度关联不紧密。随着供电所人员逐年减少,特别是客户经理锐减严重,供电所管理岗除所长外,均需兼职客户经理,"三员两班"因本身承担的管理工作任务较多,台区相对待得较少,而宣州供服目前对供电所的绩效考核为"月度绩效考核+专项奖"模式,另外设立的台区线损专项考核奖按台区合格量发放,"三员两班"工资收入与客户经理差距不大,有的甚至还没有客户经理高,导致"三员两班"只愿单一从事客户经理工作,而不愿承担管理岗职责。因此,必须构建新的绩效评价体系,让基层员工努力干。

三是人员技能水平参差不齐。供电所现有人员普遍年龄较大、文化水平不高、技能水平较低,供电所营配末端融合后,对运维和服务都提出了新的管理要求,大多数工作需要多人合作完成。因此,必须构建新的末端网格小组,让基层员工合作干。

(二) 建设思路

宣城公司从经营效益、管理效率、发展质量、治理效能四个维度,优化供电所考核评价体系。从质量、效率、效能三个维度开展营销管理、运检管理、党建管理、安全管理等专业条线评价,从效益维度更加注重服务提升增效、成本精益增效、降损节流增效,传导"干多赚多、花少赚多、干好赚多"的价值理念,引导基层员工算好效益账,主动"赚工资"。

二、应用方案

宣城公司建立内部市场与绩效考核、工资分配挂钩机制,优化供电所考核评价体系，并依据绩效评价结果进行薪酬分配，实现精准考核、精准激励，形成了涵盖生产、营销、经营等各个条线的深化应用方案。

(一) 四级市场质效评价体系

宣城公司供电所内部市场评价指标体系见表5-5所列。围绕"经营效益、管理效率、发展质量、治理效能"四个维度，宣城公司对供电所内部市场设计质效评价指标，梳理质效传导链路，设置权重赋分规则，建立四级内部市场质效评价体系。

根据供电所电量、设备、人员、工作难度等情况核定包干工资总额，实行"增人不增资、减人不减资"，充分体现"干多干少不一样"；从质量、效率、效能三个维度开展营销管理、运检管理、党建管理、安全管理等专业条线积分评价，建立基层供电所包干工资评价系数，体现"干好干坏不一样"。同时，将供电所日常工作中线损压降、反窃查违等重点工作成效还原为贡献利润，设置四项效益指标，绩效工资全部进入四、五级市场，促进服务提升增效、成本精益增效、降损节流增效，在基层供电所传导"干得多赚得多、花得少赚得多、干得好赚得多"的价值理念，引导基层员工算好效益账，主动"赚工资"。

表 5-5　宣城公司供电所内部市场评价指标体系

指标类型	指标名称	计算公式
经营效益 (25%)	服务效率提升贡献利润 (5%)	服务效率提升贡献利润＝（本月人均服务用户数－上年同期人均服务用户数）×户均人工成本×供电所人数 户均人工成本＝上年度农电人工成本/上年服务户数/12
	管理提升贡献利润 (5%)	管理提升贡献利润＝降损贡献利润＋停电时长压降贡献利润＋反窃查违贡献利润 降损贡献利润＝（上年同期台区综合线损－本月台区综合线损）×公变售电量×购售价差/1.13 停电时长压降贡献利润＝（上年同期户均故障停电时长－本月户均故障停电时长）×户均容量×本期用户数×购售价差/1.13 反窃查违贡献利润＝（追补电费＋罚款）/1.13
	成本精益管控贡献利润 (5%)	成本精益管控贡献利润＝（上年同期供电所公变户均营销服务成本－本期供电所公变户均营销服务成本）×本期公变户数
	供电所公变度电利润（10%）	供电所公变利润/供电所公变售电量

（续表）

指标类型	指标名称	计算公式
管理效率 （35%）	电能计量管理指数 （10%）	电能计量管理指数＝专变全量采集成功率×30%＋公变全量采集成功率×30%＋低压全量采集成功率×30%＋台区可算率×10%
	客户服务满意率 （15%）	客户服务满意率＝营销意见指数×0.5＋运检意见指数×0.5
	线损综合管理成效指数 （10%）	线损综合管理成效指数＝台区线损综合管理成效×50%＋10kV分线线损综合管理成效×50%
发展质量 （30%）	公用配变运行工况 （15%）	公用配变运行工况＝配变出口低电压比例×60%＋配变过载率×20%＋配变低压三相不平衡率×20%
	公用配变停电指数 （15%）	公用配变停电指数＝故障停电指数×60%＋频繁停电指数×40%－扣分项
治理效能 （10%）	供电所综合管理工作 （10%）	宣州供服供电所考核管理办法

（二）五级市场质效评价体系

按照"责任与绩效相匹配""干得多拿得多、干得好拿得多"原则，建立供电所"责＋量＋质"三维度绩效包干考核体系，包括绩效包干积分制和岗位效益评价两种考核方式。

（1）绩效包干积分制

"责"为岗位责任，合理设置岗位系数，重点体现管理岗所承担的责任，拉开系数差距。"量"为工作量，可通过业务系统线上获取数据。绩效包干积分指标见表5-6所列。

表5-6 绩效包干积分指标

层级	指标名称	计算公式	数据来源
1	岗位基本绩效积分折算	岗位系数/全所岗位系数之和	营销2.0系统取岗位，系统设置岗位系数表
1	工作量积分折算	外勤积分＋内勤积分＋兼职积分	
2	外勤积分	台区积分＋线路积分	

（续表）

层级	指标名称	计算公式	数据来源
3	台区积分	按绑定台区对应台区积分表汇总	营销2.0系统，台区积分表
3	线路积分	按绑定线路对应线路积分表汇总	营销2.0系统，线路积分表
2	兼职积分	报账员、仓库管理员、党建联络员、车辆管理员	线下导入
2	内勤积分	根据岗位确认	营销2.0系统取岗位，系统设置岗位系数表，积分规则确定

（2）岗位效益评价

"质"根据岗位职责分工制定以指标评价为主的各岗位的工作评价细则，作为"绩效包干"的有效补充，重点体现"干好干坏不一样"。以五级市场效益评价为基础，通过线上化指标体系，客观公正反映员工效益贡献，并予以兑现。岗位效益评价体系见表5-7所列。

表5-7　岗位效益评价体系

岗位	指标	考核方式	分值
所长/书记	四级市场供电所综合得分	四级市场供电所综合得分	100
客户经理	责任公变台区线损率	五级市场客户经理评价体系	10
	责任专变台区线损率	五级市场客户经理评价体系	
	责任台区公变低电压台区占比	五级市场客户经理评价体系	10
	责任台区综合容量指数	五级市场客户经理评价体系	20
	责任台区综合户数指数	五级市场客户经理评价体系	20
	责任台区公变度电利润	五级市场客户经理评价体系	25
	责任台区综合利润指数	五级市场客户经理评价体系	15
营销管理员	电能计量管理指数	电能计量管理指数＝专变全量采集成功率×30％＋公变全量采集成功率×30％＋低压全量采集成功率×30％＋台区可算率×10％	35
	线损综合管理成效指数	线损综合管理成效指数＝台区线损综合管理成效×50％＋10kV分线线损综合管理成效×50％	35
	客户服务满意率－营销意见指数	营销意见指数＝1－（本单位营销万户意见率－全省最小营销万户意见率/全省营销万户意见率最大差值）	30

（续表）

岗位	指标	考核方式	分值
运检技术员	客户服务满意率－运检意见指数	运检意见指数＝1－（本单位运检万户意见率－全省最小运检万户意见率/全省运检万户意见率最大差值）	30
	公用配变运行工况	公用配变运行工况＝配变出口低电压比例×60％＋配变过载率×20％＋配变低压三相不平衡率×20％	35
	公用配变停电指数	公用配变停电指数＝故障停电指数×60％＋频繁停电指数×40％－扣分项	35
安全质量员	违章处罚	被省市公司通报的一般性违章（异常）、风险提示、严重违章、特别严重违章，每件分别扣1－4分	100
		县公司通报的一般性违章（异常）、风险提示，每件扣1－2分	
内勤人员	流程合规	业务流程超时限、超短，扣2分/次	50
	档案整理	档案资料不完整、缺项漏项，扣2分/次	50

三、应用效果

（一）管理效益显著

宣城公司坚持践行"按劳分配"理念，强化经营质效评价与单位、部门、员工的薪酬挂钩力度，提升各级主体和个人对自身价值责任和价值贡献的认知，推进各级组织和员工由被动管理向主动管理转变，主动增创效益。该体系对于激发员工内生动力、凝集企业合力起到实质性推进作用，有助于加速电力企业数字化转型，极大提升企业整体管理水平，主要体现在以下三个方面。一是创造更好的激励机制，加大了价值贡献水平与员工薪酬收入挂钩力度。其中，2021年9月，水阳中心供电所客户经理绩效工资差高达27.2％。二是产生更低的人力投入，通过引入市场化竞争机制和运作模式，员工开支投入明显下降。2022年，人力成本投入同比压降11.8％。三是实现更高的运营效率，公司机构扁平化程度进一步提升，营商环境指数显著改善。以办电业务为例，2022年底，未实行"三零"服务的低压非居民用户、高压单电源用户、高压双电源用户供电企业办理用电报装业务时间分别压减至6个、22个、32个工作日以内。

（二）经济效益提升

宣城公司深化"内部五级市场"本地化应用，清晰反映了各考核主体的资源耗费和经营产出，有效促进了企业降本增效，取得了较好的经济效益。宣城公司有效对冲近两年政策性降价和新冠疫情等减利影响，营业收入在国网安徽省电力有限公司内位居前列，经济效益显著提升。以宣城公司2022年相关成果为例，经营型供电主体通过细化考核单元，抓住量、价、损等核心要素，截至2022年7月，供电所台区综合线损率同比下降1.09%，10千伏分线线损合格率同比上升2.11%，三次入围国网线损"百强县""百强所"；生产型供电主体注重合理安排检修成本，推行材料费业务化管理，万元资产运维费同比下降9.98%，位于国网中位水平；投资型支撑主体注重项目进度和转资效率，当年计划完工的资本性项目期末工程转资形成的固定资产规模较上年同期增长3.18%；管理主体推行可控费用项目化动态管理，完善原有内控管理模式，有效降低管理费用支出。

（三）社会效益良好

在内部市场的推动下，广大干部员工业务能力、思想觉悟、精神面貌显著提升，凝聚力持续增强，助推公司跨越式发展，获得社会各界的广泛关注和高度认可。一是改善绩效激励机制，完善质效评价模式，充分激发了创新活力，产生了良好的示范引领作用；二是深化清洁能源消纳分析，科学指导清洁能源发展规划与消纳能力评估，提升电网调峰支撑能力，全力打造绿色电网，以电力引领推动社会高质量实现"双碳"目标；三是内部市场有效调动了员工积极性，强化了员工的社会责任意识和价值创造意识，助推公司积极探索"村网共建"和"中心供电所＋电力驿站"供电服务模式，重点关注返乡用户、孤寡老人等用户用能监测，推行亲情便民服务，推动解决服务客户用电"最后一百米"问题，产生了较好的社会效益。

第三节　肥西公司"内部五级市场"应用实践

一、应用概况

（一）实施背景

肥西供电公司现有九个中心供电所，近年来，一直以优化电力营商环境和保障电力可靠供应为抓手,不断夯实供电所基础管理水平。但是,在加强供电所和农电员工队伍建设方面,肥西公司仍然存在以下问题:一是供电所管理层专业水平参差不齐,处于新老交替阶段;二是普通农电员工队伍规模不断缩小,50岁以上占比超过60%,近三年累计退休人员达到26%。双重因素叠加,使精细化的供电所管理要求与人力资源创效现状不匹配的矛盾日益凸显。

自省公司大力开展提质增效专项行动以来,供电所作为最基层经营单元,"重业务质量、轻经营效益"的现象逐步改善,但是质效理念尚未植根每一个供电所员工内心。为驱动业务精益管理、激发员工创效活力,在省公司"内部五级市场"建设成果的指导下,肥西公司结合各供电所管理实际,建立一套可推广、可落地的"内部五级市场"应用管理模式。

(二) 建设思路

构建"1413"即"一核心、四维度、一平台、三配套"的内部模拟市场管理体系。以"价值引领"为核心,"质量、效率、效益、效能"四维度为框架,一个内部市场数字化平台为依托,"业绩考核＋人才培养＋资源配置"三项配套措施为支撑,建立内部市场化长效机制。激励供电所作为四级市场主体,通过经营诊断准确把脉,员工作为五级市场主体,敢于担当作为,实现"增收创效、管理提效、花钱问效",助力企业实现精益化管理和数字化转型。

二、应用方案

肥西公司结合供电所的体量结构,改变单纯的业务考核会带来"体量大、做得多、出错多、扣分多、排名低"的情况,增加了财务效益类指标,建立"质量、效率、效益、效能"四位一体的质效评价体系。

(一) 四级市场,"财务＋业务"齐评价晒成效

各供电所作为四级市场主体,在售电量、客户数、市场利润、员工数量等方面存在较大差异,如工业园供电所2021年农电人数37人,售电量33.86万千瓦时,服务客户数量13.86万,市场利润42411.98万元;铭传供电所农电人数20人,售电量0.18万千瓦时,服务客户数量1.23万,市场利润－75.64万元。为寻求"最大公约数",画出质效评价"最大同心圆",肥西公司在传递省公司价值导向的同时又兼顾日常重点工作,引导各供电所树立"自主经营、提质增效、花钱问效"的行为意识。

为推动提质增效从"存量挖潜"向"机制激励"拓展,分别从质量、效率、效益、效能四个维度,确定月度和年度关键指标。月度考核中,关注工作过程,通过量化积分方式,体现"花钱问效"思想,引导四级市场"精细寻利"。

1. 月度评价，关注过程

从质量、效率、效益、效能四个维度设定指标，将价值理念贯穿业务管理全过程。在总分120分的指标中，质量类指标占55分，效率类指标占25分，效益类指标占20分，效能类指标占20分，权重与职责匹配度保持一致。四级市场月度考核体系见表5-8所列。

表5-8 四级市场月度考核体系

市场	考核方式	计算依据	考核内容	分值	占比
四级市场	积分，考核指标得分排出名次，1—9名分别对应考核系数	供电所考核得分（120分制）	效益	20	16.67%
			质量	55	45.83%
			效率	25	20.83%
			效能	20	16.67%

财务效益类指标分为经营效益和管理效益。其中，经营效益指标直接沿用省公司五级市场指标体系中的"供电所公变度电利润"排名；管理效益是通过计算各供电所在压降线损、反窃查违、电费回收、停电等重点业务中增加（或减少）的利润，促进供电所理解日常业务规范要求的经济价值。四级市场月度考核效益类指标见表5-9所列。

表5-9 四级市场月度考核效益类指标

指标名称	性质	内部市场单价	效益计算公式
供电所公变度电利润	经营效益		省公司指标体系取数
供电所台区综合压降线损贡献利润	管理效益	统购电成本	线损较去年同期压降率×该所售电量×输配电价均价
反窃查违贡献利润		营销业务规定	（追捕电费＋罚款金额）/1.13
电费现金流贡献利润		银行存贷利率加权平均	电费回收金额×提前天数×同期银行利率
因停电造成利润减少		输配电价	减少售电量×输配电价

业务方面主要包括质量、效率、效能三类指标考核。其中，质量类指标12项，分别为电费回收、优质服务、台区线损、业扩管理、频停指数等；效率类指标14项，分别为用电检查保电、营配贯通、采集成功率、分线线损管理等；效能类指标两项，分别为安全管理和党风廉政。

四级市场主体（供电所）月度考核总积分＝财务积分＋业务积分＝效益积分＋质量积分＋效率积分＋效能积分。

针对9个供电所在四级市场考核排名分为9档，转换成四级市场主体考核系数（1.15、1.11、1.09、1.07、1.05、1.03、1.01、0.99、0.95），以此作为五级市场员工奖金兑现的考核系数之一。

2. 年度评价，注重结果

重视完成结果，从经营价值的"量"和"质"两个方面设置指标，价值引领性的效益类指标占比30%。其中，供电所公变度电利润占比10%。为妥善解决供电所人资难点问题，寻找供电所人员配置与资源配置的最佳平衡点，公司通过设置"单位人工成本利润增长率"和"单位业务委托成本利润增长率"两项指标，引导供电所采用多元解决方案，破解实际难题，各占比10%。其余为质量、效率、效能类指标。考核得分排名对应九档系数，作为年终奖分配依据。四级市场年度考核体系见表5-10所列。

表5-10　四级市场年度考核体系

指标名称	分值	计算公式
供电所公变度电利润	10	省公司指标体系取数
单位人工成本利润增长率	10	两年供电所内部利润/人工成本差额
单位业务委托成本利润增长率	10	两年供电所内部利润/业务委托成本差额
供电所故障停电时户数	10	省公司指标体系取数
台区综合线损率	10	省公司指标体系取数
安全管理	10	见细则
党建管理	10	见细则
专项奖励	30	见细则
合计	100	

(二) 五级市场，"积分＋计件"可量化显公平

五级市场主体为员工，针对不同岗位特点，采用量身定制的可量化考核评价规则，兑现考核奖金。设置动态计件积分规则，兑现计件奖金，充分体现"干多干少不一样""干好干坏不一样"。五级市场主体（员工）月度评价兑现公式见式5-3所示。

五级市场主体（员工）月度评价兑现＝考核奖金＋计件奖金（式5-3）

其中，考核奖金＝岗位奖金基数×四级市场主体（供电所）考核系数×个人岗位系数×个人考核系数；计件奖金＝计件积分×单位积分奖金。

1. 分岗位考核，细则明确，取数公正

区别岗位职责和管理要求，设定不同考核指标，并直接下达至五级市场主体——供电所农电员工。考核指标数据基本来源于数据中台，确保公平公正，反映供电所员工实际工作状态。五级市场月度考核体系见表 5－11 所列。

表 5－11　五级市场月度考核体系

岗位	指标	考核方式	分值	数据来源
所长	供电所同业对标	1. 供电所同业对标排名第 1－100 名、第 101－200 名、第 201－300 名、第 301－400 名，分别加 40 分、35 分、30 分、25 分；第 401 名及以上，按照每下降 100 名扣 5 分逐级扣减； 2. 供电所完成省市公司重点工作、弱势指标专项提升加 10－30 分	80	省公司营销部定期发布
	供电所内部利润	按照第 1－100 名、第 101－200 名、第 201－300 名、第 301－400 名，分别加 20 分、15 分、10 分、5 分；第 401 名及以上，按照每下降 100 名扣 5 分逐级扣减	20	五级市场指标
安全管理员	违章处罚	1. 被省市公司通报的一般性违章（异常）、风险提示、严重违章、特别严重违章，每件分别扣 1－4 分； 2. 县公司通报的一般性违章（异常）、风险提示，每件扣 1－2 分	100	各级安全通报
营销管理员	电费回收	本月全量电费回收在考核期内完成，得 25 分；每提前一天，加 1 分；每延后一天，扣 0.3 分	25	五级市场指标
	业扩报装	每发生一起业扩报装环节时限不达标工单，责任供电所当月绩效扣 2 分/件，对每月未发生时限不达标的供电所，给予当月绩效考核加 1 分的奖励	25	营销 SG186 系统
	采集成功率	全量日均信息采集成功率达到 99.9%，得满分；每增加 0.05 个百分点加 1 分，每下降 0.05 个百分点扣 1 分	25	用采系统指标
	线损治理	0－7% 线损率达到 98%，得满分；每增加 0.05 个百分点加 1 分，每下降 0.05 个百分点扣 1 分	25	五级市场指标

（续表）

岗位	指标	考核方式	分值	数据来源
生产管理员	计划上报	未按要求上报运检类计划并未使用运检 E 助手开展设备巡视、消缺、检修等工作的扣 1 分/次	50	生产实施管控系统
	隐患排查	主动发现缺陷隐患，加 0.5 分/次	50	运检 E 助手
客户经理	台区电费回收	本月全量电费回收在考核期内完成，得 25 分；每提前一天，加 1 分；每延后一天，扣 0.3 分	25	五级市场指标
	台区线损	1. 高损台区（月度＞7％）扣 2 分/台；2. 负损台区（月度）扣 1 分/台	25	五级市场指标
	台区停电损失	金额为 0，得 25 分；每增加 200 元，扣 1 分	25	五级市场指标
	低电压台区占比	出现低电压台区，20 分为基准分，5 分为上限；每增加一个百分点扣 1 分	25	五级市场指标
内勤人员	流程合规	业务流程超时限、超短，扣 2 分/次	50	营销 SG186 系统
	档案整理	档案资料不完整、缺项漏项，扣 2 分/次	50	线下工作

2. "计件"奖金池，激发活力，提振信心

以"促进指标提升，大力提质增效"为出发点，鼓励"核心业务自己干""非必要不外包"，营造"多劳多得、干多干少不一样"的氛围。预计全年从供电所农电人员工资总额中拿出 7％作为计件增量奖金池。五级市场"计件"积分规则见表 5-12 所列。具体工作要求可根据短期重点任务动态调整，如表计批量轮换，整台区轮换按照单相 0.35 分/块兑现，集中器、终端、三相 1 分/块兑现。实现激发员工干事热情的同时，引导供电所减少外委费用在预算分配中的占比，将有限的成本预算向提升设备本质安全和供电可靠性的方向倾斜。

表 5-12　五级市场"计件"积分规则

序号	业务类型	计件名称	计件积分规则
1	营销	表计批量轮换	整台区轮换，按照单相 0.35 分/块兑现，集中器、终端、三相 1 分/块兑现

（续表）

序号	业务类型	计件名称	计件积分规则
2	营销	表箱批量轮换	单表位表箱兑现 2.1 分、双表位或四表位表箱兑现 4.2 分、四表位以上表箱兑现 8.4 分
3		反窃查违	按照反窃查违查处金额为兑现分数计算依据，具体考核兑现为：对于供电所独立完成处罚的，城区供电所按照单笔处罚金额 2‰兑现分数，乡镇供电所按照单笔处罚金额 2.5‰兑现分数；对于供电所与电检班联合完成的，按照单笔处罚金额 1.5‰兑现分数
4		新型业务推广	统计周期内各供电所"网上国网"新增实名注册用户数，0.07 分/户进行兑换；当各供电所完成实名注册的攻坚月度指标后，执行奖励积分兑换，0.28 分/户进行兑现；当各供电所达到实名注册的月度增量指标目标值后，执行增量积分兑换，0.35 分/户进行兑现
5		线上交费	统计周期内各供电所"网上国网"交费每月按 0.07 分/户进行兑换；微信公众号交费按 0.04 分/户进行兑换
6	运检	线路保护优化	准确完成线路参数统计并在调度下发定值单后配合运检部做好定值整定，按照 2 分/柱开，0.3 分/站房间隔
7		基础运维	① 开展鸟害防治，清理鸟巢并同步完成驱鸟器、彩光带、仿生蛇、驱鸟药等驱鸟设施安装（直线杆除外），按照 0.3 分/处； ② 开展树障清理，按照 1.5 分/处，一档线内树障均按一处计算； ③ 通过主动巡视发现严重及以上缺陷，并完成消缺，按照 2 分/次； ④ 结合停电计划开展配变、熔断器、柱开绝缘护套加装，按照 0.3 分/套，开展配变补油，按照 0.5 分/台； 以上所有工作量均在运检 e 助手和检修计划统计
8		供电可靠性提升	① 月度用户平均故障停电时间为 0 小时/户（无故障停电），给予特等奖＝1 分×等效用户数； ② 月度用户平均故障停电时间小于等于预控值的 50%，给予一等奖＝0.5 分×等效用户数； ③ 月度用户平均故障停电时间在预控值的 50%－80%区间，给予二等奖＝0.3 分×等效用户数； ④ 月度用户平均故障停电时间在预控值的 80%－100%区间，给予三等奖＝0.2 分×等效用户数； ⑤ 奖励对象为供电所农电职工，奖励分配由供电所所长牵头分配，经供电所班子研究决定；月度用户平均故障停电时间预控值由运检部结合省市公司下发的预控值、各供电所近两年同期故障情况以及公司在全省供电可靠性整体排名情况每月更新下发

例如，工业园所原来电能表安装业务外委，每年可控成本支出 90 万元。现行工业园供电所通过"积分"奖励，鼓励员工自行完成该专项工作，全所 20 人可以兼职匹配装表工作，同时仅保留 2 名外委人员辅助日常工作。优化后支出可控费用成本 9 万元；支出农电人工成本 38 万元；累计成本支出 47 万元（其中可控成本节约 81 万元，农电人工成本再分配 38 万元），较原有模式总体节约成本 43 万元。肥西公司供电所评价结果和员工考核评价结果分别如图 5-2 和图 5-3 所示。

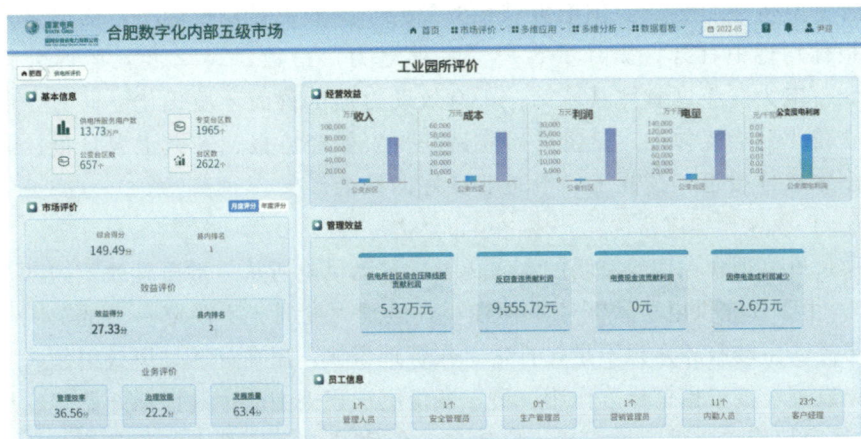

图 5-2　肥西公司供电所评价结果

图 5-3　肥西公司供电所员工考核评价结果

三、应用效果

（一）客户满意度提升，社会效益显著

肥西公司以"价值引领"为核心、"积分＋计件"为基础的"内部五级市场"建设经验做法，在实现激发员工干事热情的同时，引导供电所减少外委费用在预算分配中的占比，将有限的成本预算向提升设备本质安全和供电可靠性的方向倾斜，大大提升了肥西区域供电可靠性。2021年供电可靠率达99.9316%，同比提升0.0135个百分点；2022年供电可靠率达99.9576%，同比提升0.026个百分点。供电可靠性的提升，降低了客户投诉率，面向客户的各项指标均稳中有升，提升了客户"获得电力"指数。2022年，肥西公司首获"获得电力"年度省评县域第一，有效助力地区营商环境优化。同时，肥西公司获得了社会媒体的广泛赞誉，先后获得安徽经济报、安徽工人日报、新华社等多家媒体报道，树立了供电企业良好的社会形象。

（二）绩效管理体系优化，激发员工活力

通过价值理念在四级市场的深入传导，推动供电所从"重质轻效"到"质效并重"。由于原先供电所薪酬体系弹性小，激励力度弱、手段单一，员工工作积极性不高、主动服务意识不足，日常工作管理粗放。现在，通过绩效引领、薪酬联动，发挥考核"指挥棒"作用，员工变得更加积极主动，对指标开始"斤斤计较"。逐渐形成比贡献、比增量、比效率的价值导向，实现"向经营要效益、向管理要效率、向发展要质量"的积极向上的工作氛围，人员精神面貌得以提振。供电所员工工作积极性的增强和管理水平的提升，吸引着越来越多的中层干部和优秀年轻员工主动请缨去供电所历练，年轻人从"不愿去"到"抢着去"供电所。以"价值引领"为核心、"积分＋计件"为基础的供电所内部模拟市场管理做法，获得省市公司相关领导的批示肯定，具有良好的示范推广应用价值，已在合肥各县级供电公司试行。

（三）挖潜增效，经济效益提高

肥西公司在实施"内部五级市场"评价机制后，为压降低效运维、应对农电人员"退休潮"，在月度五级市场通过"计件"奖金，鼓励"核心业务自己干""非必要不外包"。在年度四级市场评价指标中设置"单位业务委托成本利润增长率"，利用"减人不减资"等多种方式引导四级市场整合现有内部资源，充分挖潜增效。避免将大量成本性资金用于为解决因农电人力资源不足而增加的运维项目中，从而将有限成本集中用于可以提升电网运营效率和本质安全的项目中，预算管理更加精细化。2022年压降成本420万元，占可控费用总额的3.89%。此

外，供电所增供扩销、开源节流的思维模式在逐步形成，业务转型也随之跟进。内模体系中有"停电时户数"指标，在转变观念、技术和装备水平提升的共同加持下，带电作业工作量持续大幅度提升，实现停电时户数指标下降、运检类投诉下降以及经营效益的增长。2021年1月至2022年12月，全公司累计开展带电作业1831次，减少电量损失总计23630千千瓦时，增加输配电收入401万元。

第四节 超高压公司"内部五级市场"应用实践

国网安徽省电力有限公司超高压分公司（简称"超高压公司"）结合"一站一线"项目立项管理实践，以资产组精益管理为契机，以变电站为效益分析对象，分析变电站经营效益、效率的内在关系，评价变电站投入产出。建立"变电站—变电运维班—运维分部（特高压站）"隶属关系，汇聚形成班组、分部（特高压站）经营质效数据。主要考核评价内部模拟利润、运维成本、平均负载率、变电设备故障停运率等指标。

一、应用概况

（一）实施背景

在内部模拟市场体系中搭建超特高压变电运维内部评价体系，能够帮助提高超高压变电设备运营管理效率，提升变电运检质效，逐步实现公司员工由专业管理向经营管理转变。其工作目标就在于推广公司内部变电运维市场化改革，提升公司变电运维效率，突出员工价值创造，实现设备价值和管理价值融合。依托省公司内部模拟市场数据中台，搭建汇聚各类业务数据的市场运行平台，推动全要素价值创造过程可视化。

（二）建设思路

在充分借鉴省公司内部模拟市场建设成果的基础上，结合超高压公司特点，构建公司4—5级市场指标体系。进一步开展指标因子溯源，畅通业务系统数据接入数据中台通道。以资产组精益管理为契机，以变电站为效益分析对象，分析变电站经营效益、效率的内在关系，评价变电站投入产出关系，推动投资后评价，提升投资效率。

二、应用方案

(一) 评价指标体系

1. 超高压公司评价指标体系

以价值管理为主线，突出经济效益，融入超高压公司变电运维精益管理理念，形成变电站及其运行维护工作可系统获取、可量化的客观价值评价指标体系。运用内部模拟利润、平均负载率、万容量内部模拟利润等指标评价各运维分部和特高压站。将班组工作量化为积分评价班组创效能力。超高压公司四五级市场评价指标体系见表5-13所列。

表 5-13 超高压公司四五级市场评价指标体系

市场级别	指标类型	指标名称	计算公式
四级市场	经营效益 (40%)	内部模拟利润 (40%)	A变电站内部模拟利润＝A变电站售电收入－A购电成本－A变电站资产折旧－A人工成本－A变电站运维成本
		平均负载率 (30%)	平均负载率＝主变平均负载/主变额定容量×100%
		万容量内部模拟利润 (30%)	万容量内部模拟利润＝内部模拟利润/（变电站容量/10000）
	管理效率 (30%)	万元变电资产运维费 (50%)	万元变电资产运维费＝（变电运行维护成本＋人工成本）/变电站资产原值
		万容量单位运维费 (50%)	万容量单位运维费＝变电运行维护成本＋人工成本/（变电站容量/10000）
	发展质量 (30%)	变电设备故障停运率 (100%)	变电设备故障停运率＝本年35千伏及以上变电设备故障停运率
五级市场	经营效益 (40%)	班组内部模拟利润 (50%)	班组内部模拟利润＝$\sum$负责运维变电的内部模拟利润
		班组人均内部模拟利润 (50%)	班组人均内部模拟利润＝班组内部模拟利润/班组人数
	管理效率 (30%)	班组人均运维成本 (50%)	班组人均运维成本＝班组运维成本/班组人数
		班组人均运维容量 (50%)	班组人均运维容量＝班组运维容量/班组人数
	发展质量 (30%)	班组变电设备故障停运率 (100%)	变电设备故障停运率＝负责运维的500千伏及以上变电设备故障停运率

2. 评价主体

按照经营效益、管理效率、发展质量等维度，设置变电运检内部四五级市场评价指标体系，完成指标赋权和计算规则设置，开展评价结果运用分析。

四级评价经营主体：各分部、特高压站。将变电站作为评价对象，涵盖超高压公司管理的从 500kV 到 ±1100kV 不同电压等级 39 座变电站。各分部及特高压站包括合肥运维分部、芜湖运维分部、蚌埠运维分部、阜阳运维分部、宣城运维分部、特高压芜湖站、特高压淮南站、±1100kV 古泉换流站。

五级评价经营主体：各分部、特高压管辖的各类运维班组。将负责变电站日常运行维护班组作为评价对象，涵盖不同专业、不同岗位班组成员。五级市场评价主体清单及超高压公司变电站运维主体对应关系见附表1和附表2。

3. 多维度评价

（1）变电站分电压等级评价

将公司管辖的 500kV、1000kV 电压等级变电站进行横向对比，分类开展效益、效率专业评价，开展变电站投入产出绩效分析评价。

（2）分单位排序评价

汇总各单位所属变电站内部市场评价结果，开展各单位变电运检综合评价，分效益、效率、质量三个维度开展对标评价，对评价结果进行日常通报，督促各单位分析和查找自身存在的短板和不足。

（3）班组运行效率评价

对各分部、特高压站所辖班组进行内部市场评价和分析，分别从班组综合排序、班组工作创效益、提效率、强质量等维度开展评价。

（4）变电运维人员创效评价

将全部变电运维人员工作量量化为价值创造并进行综合排序，展示岗位创造价值，岗位提升效率评价。

（5）变电站（投入产出）后评价分析

将变电站运行的效益、效率及质量的实际数据转化为投入产出指数，评价变电站投资经济效益性，为公司投资提供参考。投资环节优先考虑电网优化、社会责任因素，前期评价结果为投资后评价提供第一手真实资料。

（二）考核运用

1. 源系统数据溯源

依托省公司数据溯源组开展试点方案进行数据溯源。组织对系统数据进行贯通清理，为系统上线提供数据支持。主要包括开展数据治理、搭建数据链路、开展源系统对接工作三个部分，由财务部牵头，组织运检部、人资部、古泉换流站、各分部、特高压站研究数据链路、贯通数据阻点，为系统抓取提供数据支撑。

2. 考核运用

变电运检试点建设并试运行后，进行合理性测试，将评价结果运用作业量化积分形式，并由人资部牵头组织开展变电运检评价运用，待成熟后逐步有序纳入到组织绩效考核体系当中。

三、应用效果

通过构建内部模拟市场，换流站不断推进数字化转型，搭建数智化的数字平台，对运维检修班组和设备实施全方位、全流程的精益管理，驱动管理层和基层员工市场竞争意识，激发员工的创效潜能，优化了管理效率和经营绩效，形成具有可复制、可拓展、可迭代的内部模拟市场系统，为国有企业改革、实现高质量发展提供了不竭动力。

（一）数字赋能效果显著，树立良好企业形象

超高压公司内部模拟市场数智化平台的构建是落实省公司战略，顺应电网智能化数字化水平显著提升的趋势，全面深化应用大数据、智慧化、移动互联网、云计算等技术，以数据中台为基础，创建实时更新、指标全面、考评一体的数据系统，实现内部模拟市场的可视化，助力换流站激发员工创效潜能、向内挖潜增效，真正实现了数字赋能。同时，内部模拟市场的构建提高了换流站在保障华北地区电力可靠供应、防治大气污染、拉动新疆经济增长方面所发挥的作用，其内部模拟市场构建的经验被其他换流站所借鉴，获得内部同行的广泛认同，发挥了良好的社会效益，树立了良好的企业社会形象。

（二）管理效率有效提升，实现多维精益管理

换流站通过全方位展示各运维检修班组的质效考评结果，促使各班组深挖短板，及时采取措施改善业务行为，补齐短板，提升管理效率。换流站6个运维检修班组的各项指标均呈现不断提升的趋势，如内部市场上线以来，累计发现并消除缺陷192项；项目执行率同比上升7.6%；两票线上执行率、停电计划执行率、故障处置及时率均达到100%；受理发明专利10项；核心业务实施效果良好；站内未发生单极强迫停运事件。同时，内部模拟市场的市场评价板块实现了对换流站业务完成进度的实时掌控，有助于掌握设备运行状态，公司对古泉站开展年度精益化检修，将古泉直流系统能量可用率增至97%，为缓解用电压力、做好电力保供工作提供可靠支撑。此外，班组市场板块实时更新

了各班组的综合得分、排名、考评指标的参数值和同比变化趋势，从而实现了业务经营的精益管理。

（三）资源配置得到优化，提升经营效益效率

通过构建内部模拟市场，换流站内部员工竞争意识增强，并配套一系列管控措施、约束机制和激励手段，提高了投资效率，实现了投资、成本的精益化管理，将有限的资源投入最需要、最有价值的地方，使同样的投入得到更多的运营成果和社会效益，提升有限资源的分配效率。

第五节 监理公司"内部五级市场"应用实践

安徽电力工程监理有限公司结合区域特点、业务规模、管理模式等要素，划分监理公司、监理站、监理团队三级模拟经营单元，实施标准成本本地化改造，建立监理团队目标收入体系和标准成本体系，构建1＋N项目群成本核算体系。主要评价成本管控效益贡献、内部利润率、监理指令达标率、现场管控度等指标。

一、应用概况

（一）实施背景

一是主动适应外部监管的必然趋势。外部监管单位、国网公司对监理的履责要求不断提高，而监理取费标准多年未变化，作业单元监督机制的持续深入推进和内外监督要求的不断提高与过低的监理取费标准形成反差。与此相反，公司监理成本如监理设备、人员工资等不断上涨，公司的经营压力与日俱增。

二是监理企业成本管控的痛点与难点亟待解决。安徽电力工程监理有限公司承监的业务规模大、分布广，监理成本消耗较大，是影响管理效率与效益的主要矛盾。具体表现为：监理行业服务取费标准偏低，但管理要求在不断提高，作为人员密集型企业，人工成本也在持续攀升；监理团队点多面广，业务零散，因缺乏统一的作业标准和成本标杆，容易造成成本管理失控；成本管控模式粗放，业财数据链路不通，成本消耗难以与具体业务、人员建立关联，无法对监理团队经营效益进行考核评价。

(二)建设思路

围绕"模拟经营单元"核心要素,划分"地市→监理团队"两级模拟经营单元,量化"效益、效率、质量"三个维度成效,构建内部模拟市场信息化平台,明晰监理收入、监理成本归集路径和管理责任,形成对公司"收入线、成本线"的全过程管控机制。

二、应用方案

(一)评价指标体系

1. 监理公司评价指标体系

安徽电力工程监理有限公司内部市场评价体系涵盖经营效益、管理效率、发展质量三大类、七小类评价指标,并结合公司管控重点确定指标权重。监理公司评价指标体系见表5-14所列。

表5-14 监理公司评价指标体系

指标类型	评价指标	计算公式
经营效益指标 (50%)	成本管控效益贡献(30%)	成本管控效益贡献=目标成本-实际成本
	内部利润率(20%)	内部利润率=成本管控效益贡献/目标成本
管理效率指标 (20%)	回款比例(10%)	回款比例=当年团队回款额/当年团队开票额
	监理收入开票及时率 (10%)	监理收入开票及时率=该团队竣工工程监理收入开票及时率之和/该团队竣工项目数
发展质量指标 (30%)	监理指令达标率(10%)	每月监理指令达标率=团队监理指令完成率/所有团队监理指令完成率平均值
	现场管控度(10%)	现场管控度=(已整改问题数量/发现问题数量)-调整值
	考核问责(10%)	项目受到通报,该项指标值为0

2. 评价主体

四级评价主体:地市级监理站及总监团队。以安徽16个地市级作为评价对象,每个地市包括该地市的监理站及总监团队,汇总该地区所有总监团队的目标成本及所有总监团队和监理站的实际成本。各地市监理站长对本级评价主体考核情况负责。

五级评价主体：监理团队。以 31 个总监团队和两个实体化监理站作为评价对象，未实体化的监理站不作为评价对象。各监理团队负责人对本级评价主体考核情况负责。

3. 得分方式

监理指令达标率指标得分方式为：指标值≥1 时，指标满分；指标值<1 时，指标得分＝指标值×100。

考核问责指标得分方式为：第一，没有收到因监理责任导致的通报，该项指标满分。第二，收到因监理责任的通报，每收到一次，该项得分扣 100 分，分数可为负数，累计叠加，上不封顶。

除监理指令达标率、发展质量指标中的考核问责指标，其余指标使用超目标递增计分法计算指标得分，保底分设置为 60 分。

(二) 数据平台改造与建设

内部模拟市场管控平台涉及"内部五级市场"信息化平台、智慧基建系统、ERP 系统三个数据平台，内部模拟市场管控平台依靠智慧基建系统、ERP 系统提供数据支撑，全方位展现各层级评价主体的考核指标。

智慧基建系统建设主要思路为优化财务管理系统，实现成本精益归集；对接电网建设工程咨询的应用系统，贯通业财数据链路；建立"收入线、成本线"的全过程管控机制。

ERP 侧改造的整体思路在于将 ERP 系统用于归集各团队及监理站实际成本数据（人工薪酬和团队报销）。创建内部订单，关联相关科目。通过 ERP 系统改造实现线上账务的成本精准匹配后，线下团队及监理站报销的部分费用精细化至五级模拟经营单元（监理团队），本部报销费用由监理公司责任部门按实际发生额录入智慧基建系统，在该系统细分至监理团队。

三、应用效果

自 2022 年内部市场建设工作启动以来，安徽电力工程监理有限公司通过一年多的持续努力，基本形成"三维一体"数智化内部模拟市场体系。通过科学设置"效益、效率、质量"三个维度的七项指标，根据综合得分对各团队落实奖励或惩罚，引导全员树牢经营意识、效益意识，强化质量安全意识，最大限度赋能员工价值创造，全面激发监理公司创效活力，实现从"经营困局"到"质效同升"的蝶变。

(一) 经营创效激活力

安徽电力工程监理有限公司坚持以"提质增效"为核心，聚焦"经营效益、管理效率、发展质量"三个维度，搭建全过程多要素，安全第一、竞合有序、智能可视、奖罚分明的一体化平台，实现从单一人均产值贡献考核评价机制到监理团队成本考核管理的探索实践，最终建成内部模拟市场管理机制。通过科学搭建绩效考核评价体系，避免单独成本考核作为评价指标，按照"干多干少精准量化，干好干坏客观评价"原则，分年度设置质效奖金，兑现质效贡献，推动价值管理向组织末梢、管理末端和业务前端延伸，引导员工"比贡献、比效率、比质量"。2022年，监理业务内部模拟市场考核最高得分团队较最低得分团队人均奖励额高出44.62%，形成"多劳多得、多贡献多得"正向激励，推动薪酬激励、提升选人用人质量、优化资源配置效率、实现管理降本增效，全面激发全员经营创效活力。内部模拟市场实施以来，公司利润总额较2021年底增长34.61%。

(二) 降本增效提经济

安徽电力工程监理有限公司借助内部模拟市场数智镜头推进经营管理全过程实时感知、可视可控、精益高效，以"1＋2＋N"业财全过程管理体系为主线，打通"合同签订、项目管理、账款回收、薪酬和车辆管理"等业务间信息壁垒，监理团队负责人根据实时质效账本合理统筹资源配置，从"伸手要，只管干，遇问题，总埋怨"到"边干边看边想边算"，真正推动数据质量与经营管控相互促进、共同提升，促进团队主动创造效益、合理节约成本开支，提升资金使用效率。内部模拟市场应用以来，安徽电力工程监理有限公司经济效益显著改善。截至2022年末，全年新业务市场开发同比翻一番，应收账款余额同比压降39.6%，监理团队发生实际成本同比减少19.05%。其中，业务外包成本同比减少14.36%，车辆使用费同比减少4.26%。

(三) 安全质量稳增强

安徽电力工程监理有限公司坚持社会效益优先，做实安全质量监督，通过向现场一线引入内模市场工作理念，全面激发监理团队经营意识、履责意识，固牢"安全第一"思想，公司价值管理由部门级穿透至各总监团队最小颗粒，推动各监理团队在保证安全、质量、党风廉政达标的前提下，加大经营管控力度，持续提升现场安全质量管控水平，实现监理团队单位价值贡献最大化。2022年，监理团队共发现现场问题15845条、下发监理通知单8374份、未发生负有监理责任的上级通报，现场安全管控质量显著提升。

第六章
"内部五级市场"
应用效果

内部市场体系建设是应对复杂经济形势、保障稳健经营的一项重要措施。经过三年多内部市场化管理的成功实践，国网安徽省电力有限公司经营效益显著提升，经营活力明显增强，发展空间更为广阔，数智化水平有效提高，国有企业社会责任履行更为全面，对系统内其他单位起到较好的示范作用，取得显著的经济效益、社会效益、管理效益和推广效益。因此，本章在前述章节的基础上，主要介绍国网安徽省电力有限公司内部市场建设具体应用领域，总结内部市场的建设成效，从而更加全面地认识内部模拟市场。

第一节 各级市场应用成效

一、1－2级市场增强经营意识

一是传递自负盈亏意识。现行管理体系将分公司核算性质的各级公司模拟还原回分公司模式，将原本由总公司负担的各项经营成本按照统一规则分派到各级市场主体中，所获取的经营利润单独核算，自负盈亏，全面反映各级供电单位效益贡献情况。现行管理体系改变了原有管理体系各下属分公司对自身的经营效益重视程度不足、独立个体意识淡薄的局面，有利于公司整体经营目标的统筹规划与实现。

二是传递职责担当意识。在现行管理体系下，1－2级内部市场主体领导班子通过映射成为质效经理人，实现责任细分，完成价值管理责任，实现质效管理责任穿透至内部市场全体人员，树立"花钱问效、花钱算账"的理念。现行管理体系改变了原有管理体系下领导班子责任细分和绩效管理实现难，督促作用效果不显著，考核要求与实际生产经营情况不匹配的现象，有利于公司的整体规划。

三是传递标杆管理意识。在现行管理体系下，各项业务依靠财务管控快报体系和财务数据中台，按月取数，自动计算出每个地市和供电单位的内部模拟得分，质效经理人可以根据得分来进行分析比较，判断公司的发展不足之处，前有标杆引领，后有潜在追兵，倒逼现任领导励精图治，有针对性地做出相应的改进措施，立足细节管理，提高工作积极性，激发员工工作活力，争先进位谋发展。现行管理体系改变了原有体系信息不透明的现象，有利于各级领导班子对未来发展做出合理规划。

二、3级市场强化责任落实

一是市场化意识进一步增强。在现行管理体系下，企业员工是市场竞争的主要参与者，意识决定行为。建立内部化管理体系，逐步让每名员工意识到，企业的兴衰成败在"我"实干，企业的成本费用在"我"手中。现行管理体系改变了员工工作积极性不高、主动服务意识不足的情况，员工内生动力得到有效激发。

二是责任体系更加明晰。在现行管理体系下，企业最关键的市场竞争指标分解落实到每个被考核单位主体，让责任体系更加明确，将各项工作落实落地，避免出现目标不明确、工作无着力点的现象。现行管理体系使得公司市场竞争指标更加清晰，各级质效管理人更加明晰自身所要承担的责任。

三是市场压力得到有效传递。现行管理体系将市场的压力转化为实实在在的考核指标，传导至每名员工身上。让市场千斤重担众人挑，人人肩上有指标，形成持续的发展动力。现行管理体系使得市场主体中的个人考虑市场压力的存在，工作积极性得以有效调动。

四是指标考核体系更加完善。按照价值创造全过程，根据不同专业领域划分为"投资建设""生产运行""营销服务""运营管理"四大经营板块。各板块相对独立又互相联系，且板块内部存在严密的逻辑关系，因此指标体系覆盖面广，具有很强的可操作性。

三、供电所市场激发员工创效活力

国网安徽省电力有限公司内部市场建设激发了员工内生动力。内部模拟市场考核实施细则的制定，坚持社会效益优先，突出安全质量管控，围绕"效率、效益、质量"搭建价值贡献评价模型，按照"干多干少精准量化，干好干坏客观评价"原则，按年设置质效奖金。通过价值量化到单元、责任分解到全员、考核激励到个人，实现市场化考评、差异化分配、全方位激励，各级员工经营意识、成本管控意识、价值意识显著增强。

一是量化四维积分，激励到岗到人。从质量、效率、效能、效益四个维度，优化供电所考核评价体系。从质量、效率、效能三个维度开展营销管理、运检管理、党建管理、安全管理等专业条线评价，从效益维度注重服务提升增效、成本精益增效、降损节流增效，传导"干多赚多、花少赚多、干好赚多"的价值理念，引导基层员工算好效益账，主动"赚工资"。

二是引入计件积分，激活干事热情。通过在五级市场引入"积分＋计件"模式，选取非常规性业务纳入计件工单池，将部分农电工工资作为计件增量奖金池，从而鼓励多劳多得，拉开供电所员工月度奖金差距。

三是优化薪酬分配，深挖增效潜能。以线路长度、服务户数、难度系数为基数，分档设置工作量市场单价，开展按量薪酬分配。差异化薪酬分配机制，引导价值理念融入工作常态，在"内部市场＋基础业务"的模式下精准部署，围绕降损控耗、隐患消缺、降本增效、增供扩销等方面推动全要素发力，为公司发展增添活力。

四、输变电市场科学评价价值贡献

国网安徽省电力有限公司内部市场建设创新了电力企业价值贡献评价方法。按电能传输路径和电压等级层层划分价值管理单元，构建了将经营目标合理分解至最小价值单元的路径，运用标准成本法，确定输电线路、变电站过网电价，从投入费用、输送电量、资产价值、设备状况等维度开展每条线路、每座变电站的经济效益分析，计算投入产出，贯通价值传导链路；通过构建统一的内部业务计价计量规则，在购售电、输配电及支撑服务主体间建立内部市场化结算机制，将无偿服务有偿化、业务活动价值化，科学量化公司不同环节、各级主体间的资源耗费和价值贡献情况。

一是精准对标找差距，借鉴经验促提升。通过"比效益、比效率、比质量"对经营主体进行综合评价，评定"质效双十、双百"站线，并展示单个指标最优班组，促进基层班组对照标杆找差距，转变"重业务轻效益"观念，营造比学赶超、互学互鉴氛围。

二是经营诊断强弱项，对症施策补短板。聚焦输电线路、变电站精益化管理，根据所辖输电线路、变电站管理效益差距，以问题为导向，为站线经营情况"把脉会诊""对症下药"，提高预算资源分配精准性，科学有效提升供电效益，最大化创造输变电价值。

三是依托投入产出评价，优化资源配置效率。将多维评价分析结果嵌入输变电专业年度预算及投资计划，动态调整资源配置方案，引导资源向支出高效、管控精益的主体倾斜，提升资源投入产出和配置效率。

四是以绩效评价为导向，激发班组质效意识。将"效益、效率、质量"考核要求逐级传递至基层班组，将员工绩效薪金与内部市场质效贡献挂钩，有效拉开收入差距，充分调动员工干事热情。

五、计量市场提升管理创效能力

国网安徽省电力有限公司内部市场建设推动计量成本精益化管理。通过梳理电能表全寿命周期价值拓扑图，建立表计成本效益模型，结合各类电能计量活动标准服务交易价格计算模拟业务收入，将电能表日常运维各类成本归集为模拟业务成本，计算计量内部市场利润。采用市场化手段量化电能表管理工作，解决表计利旧率不高、表计库存时间过长、表计全寿命周期利用率较低、员工表计精益管理意识薄弱等突出问题。

一是聚焦万户库存，找预测短板、降资金成本。优化"购检配"流程。采用省级集中式管理，确保电能表实物与账务双流合一；通过需求、采购、配送各环节电能表数量对比分析，强化源头管控，降低资金占用成本。实施最优库存管理。严格按照"优先补缺、统筹调配"原则，建立计划、供应和仓储联动机制，实现年度计划和月度需求有效衔接，提升基层单位表计库存压降意识。

二是聚焦表计流转，重超期预警、提在运质效。通过展示电能表超期库存占比、领用与安装对比分析、表计平均运行表龄、拆回表计未分拣超期等相关数据，加强新表流转及时率、旧表处理及时率管理，提高电能表流转与运行效率。

三是聚焦利旧管理，促表计集中、提分拣能力。以营销服务中心为实施主体，实行全省拆回表计集中分拣。将拆回待分拣电能表全量接入 MDS 系统，实现分拣工作全量监控；切实解决过去基层单位拆回表计厂家不同、型号零散、分拣质量不一、单个表计分拣利旧成本高、项目列支不规范等难题，实现拆回利旧效率与质量的双重保障。

四是聚焦服役时长，强故障分析、定报废标准。动态跟踪在运表计表龄，对库存超期及状态变化异常资产实时告警，便于基层人员及时处理异常信息，有效管控表计实物。建立故障分类数据库，精准定位故障类型，提高故障分析准确性，降低全省计量装置故障率。制定统一报废技术鉴定标准，优化电能表报废流程，实现"应利尽利"，提升表计管理效率。

第二节　总体应用成效

截至 2022 年 9 月，国网安徽省电力有限公司"内部五级市场"体系基本搭建完成且全面上线应用。三年内部市场化管理的成功实践驱动公司绩效管理升级，使考核更精准、激励更直接、应用更刚性，有效激发了员工活力，显著提升了电力队伍综合素质，实现管理提质增效。

一、提升经营效益

内部模拟市场强化了市场交易运作方式，购售电、输配电、支撑服务各单位之间实行市场化交易模拟结算，清晰反映各单位和各主体的资源耗费、经营产出和价值贡献。对于落实经营效益主体责任，推进降损降本、增收增效起到实质性作用，具体体现在以下五点：一是 2021 年初各单位层层把关，减少非必要外包支出、压降低效无效支出，成本申报需求同比下降 21.66%，累计节约运维成本 14.57 亿元，累计压降非生产及一般性支出 7.2 亿元，降幅达到 18.8%，成本投入效率大幅提升；二是盘活房屋土地 5.05 万平方米，盘活资产价值 1.06 亿元，促进存量资产价值释放；三是在支撑投资的基础上，完成了资产负债率控制目标，保障企业稳健运营；四是日均归集资金超过 30 亿元，缩短电费资金平均到账天数三天，年节约财务费用 0.7 亿元以上，实现资金管理集约、效益双丰收；五是全业务发力，有效对冲减利因素、超额创收增收，并实现经营效益连续位居国网系统第四名，达到历史最好水平。

"内部五级市场"通过量化电网各环节运行质效，助力各级主体以问题为导向、有针对性地配置企业各项资源，在近几年电网投资、成本投入增幅放缓、资产运维费率保持平稳的背景下，电网质效进一步提升。截至 2021 年，10kV 分线线损达标率上升至 98.49%；台区综合线损率较 2019 年下降 1.41 个百分点，迈入 2 字头时代；用户平均停电时长较 2019 年缩短 5.835 小时、降幅 43.95%，进一步缩小与发达省份差距；综合供电可靠率达到 99.944%；综合供电电压合格率达到 99.885%，确保电网安全平稳运行。

二、激发经营活力

内部模拟市场将市场化运行机制引入企业内部，将内部各责任单位视为独立经营主体，用契约关系替代主从关系，准确核算各单位经营成效和价值贡献，从而将效益意识贯穿至电网建设、电网运行和支撑保障的各环节。各专业部门、各级单位积极围绕内部模拟市场开展工作，主动作为，创造价值，实现了公司经营一盘棋：配合政府线网入地，争取贴息补偿；针对用户需求开展有偿带电服务，增加收入来源；引导用户转变用能习惯，扩大市场份额；按价值贡献率争取优质客户，提高售电效益；建立营业普查、电费稽查和反窃电联动机制，全力堵漏增收；对消耗性材料实行超市化采购，积极压缩支出；推进票据结算，节约利息支出；统筹检修计划安排，提高工作效率；注重用工分析，根据工作量和人力成本合理安排人工；将库存报废处置效率和人员收益挂钩，加大清仓利库力度。

国网安徽省电力有限公司"内部五级市场"建设，创新应用多维精益管理建设成果，突破现有经营管理层级，将效率效益评价传导至省市县三级各单位、各组织、各员工，实现价值管理全员、全业务、全过程"三全"覆盖。各专业部门、各级单位积极围绕内部模拟市场开展工作，各级员工自觉将增供电量的要求转化为优质服务的行动，客户满意度不断提升，进一步促进公司高质量发展。同时，通过建立"以效益优分配、以贡献定薪酬"的机制，有效拉开员工收入差距，得分最高单位与最低单位，人均内模工资差约 1.5 倍，促进薪酬激励模式由"吃大锅饭"向"包干到户"的转变，推动员工改变以往"只管干、不管算"的思想观念，员工积极性显著提升。

三、增强发展能力

经营效益和效率的提升为企业发展营造了充足空间。2021 年，国网安徽省电力有限公司年固定资产投资能力达到 175.8 亿元，自身发展能力和服务地方经济能力同步显著提升。具体体现在四个方面：一是特高压建设成效显著。安徽电网已进入特高压交直流混联时代，由公司运维的特高压交直流线路达 2996 千米，位居华东地区第一、国网系统第二，为全国能源平衡和清洁能源输送提供可靠支撑。二是电网输送能力大幅提高。安徽电网通过 4 回 1000 千伏线路、7 回 500 千伏线路与华东电网相连，电力外送能力达 1600 万千瓦。三是坚强智慧电网基本建成。安徽电网规模实现较大程度提高，基本形成以 1000 千伏和 500 千伏为骨干、220 千伏电网覆盖全省的坚强智慧电网格局。四是配农网供电更安全可靠。"十三五"以来，国网安徽省电力有限公司全面加大对电网薄弱环节、贫困落后地区的投资倾斜力度，农网户均配变容量提升至 2.6 千伏安，居中部省份第一。"十四五"时期，公司将逐步推动县域主网架升级为 220 千伏、110 千伏电网网架，提升农村电网供电能力和资源配置能力，开展服务整县屋顶分布式光伏开发等重点工作，为乡村产业发展、农村生活提供充足动力。

国网安徽省电力有限公司始终践行绿色发展理念，提高新能源消纳能力，共建绿色江淮美丽家园。国网安徽省电力有限公司聚焦两项工作：一是做好"新能源消纳"工作。针对安徽省清洁能源迅猛增长的现状，公司积极发挥电网优势，通过保障新能源能发满发、开展跨省电力置换交易、运用调峰辅助服务市场、加强配套电网建设，充分提升电网优化配置资源能力，积极引导新能源有序发展，确保新能源全额消纳。2021 年，安徽省累计消纳可再生能源电力 558.6 亿千瓦时，可再生能源电力消纳权重实际值达到 19.3%，高于最低目标 1.7 个百分点，有效促进新能源消纳。二是做好"电能替代"工作。国网安徽省电力有限公司推广"以电代煤、以电代油、以电代气"，积极推动各行各业加快电气化进程。2021 年，安徽省累计完成电能替代项目 2875 个，电能替代电量 65 亿千瓦时，节约标准煤 260 万吨，减排二氧化硫、氮氧化物和粉尘污染 206.05 万吨，减排二氧化碳 648.05 万吨，节能减排成效显著。

四、提高数智化水平

自 2020 年开始，国网安徽省电力有限公司将数据管理作为一项持续性工作，不断优化数据基础管理，强化数据共享，推动数据价值最大化应用。2020 年 6 月，公司研发数据质量统一管控平台，在一定程度上解决了跨专业数据混乱、企业级应用效果差和数据管理中存在的前清后乱、反复整改的问题，进一步降低异常数据核查工作量，减少基层人员的重复录入工作；2020 年 8 月，公司形成了 82 条数据质量评判规则，据此常态开展数据健康指标监测，分析和评估数据质量，定位数据问题源头并出具治理报告，提高数据利用价值；2021 年，公司持续开展系统数据和设备数据一致性稽查，从源头上把控数据真实性，不断夯实数据在企业提质增效、转型升级和高质量发展中的基础性作用。截至 2021 年 4 月底，数据质量统一管控平台累计发布异动数据 1330 万余条，其中 1329 万余条数据完成整改，整改完成率高达 99.92%，异动数据平均整改所用时长由 21.34 天缩短至 1.16 天。

国网安徽省电力有限公司基于数据中台建设成果，统一开展源端系统数据溯源和数据模型标准化管理工作，服务数据实时管控需求。一是全面贯通数据链路。基于中台共溯源数据因子 2424 个，将 381 张原始表接入数据中台，集成 17 套信息系统数据，贯通各级主体收入、成本、电量、容量、线损、客户等数据链路，实现跨专业数据互联互通、实时共享。二是模拟市场化运行模式。围绕指标因子展示、指标评价赋分、市场主体得分进行数据建模，建成包括成员库、因子库、指标库、得分库等 430 张数据宽表的市场运行与评价机制，并配套"业绩考核＋绩效工资＋资源配置"三挂钩激励机制，数据支撑决策的能力明显提升。三是国网安徽省电力有限公司数据中心的投入使用。该数据中心承载各类重要业务系统和数据，不仅能促进供需双向互动，推动能源生产和消费革命，还能对中低压用户用电情况进行监测、研判，做到实时预警、监测及运维，极大地提高服务质量，以数字化、智能化推动企业管理精益化。

五、突出社会效益

国网安徽省电力有限公司内部市场建设赢得了社会的广泛支持、信任和认可，内外部媒体先后在国家电网报、国家电网工作动态、中国电力报、新华社等平台发布报道，宣传"内部五级市场"建设理念，肯定公司"内部五级市场"建设成效，引导各经营主体强化"花钱问效"经营意识。公司数字化"内部五级市场"运行平台，得到国网公司互联网部的高度肯定和表扬。此外，公司基于"内部五级市场"建设的管理创新成果,与清华大学合作开发完成的"基于多维变革的内部市场质效评价管理体系构建之路"等三项典型案例纳入清华大学工商管理教学案例库,获得国内顶尖院校认可。

国网安徽省电力有限公司内部市场建设的成功经验具有推广价值。一是电网企业能够复制应用。内部市场化管理体系在国网安徽省电力有限公司的成功实践,探索出一条将市场经济理论与经营电网实践有机融合的新型发展之路。在当前经济新常态、电改提速度的新形势下,组织形式、管理方式、经营模式、价值理念高度同质化的其他电网公司可快速复制并参照应用,有助于加快电网企业发展方式转变。二是大型国企可以参考借鉴。通过内部市场方式的引导,企业可以增加经济效益、提高管理效益、发挥社会效益,促使职工转变思想观念,提高经营意识、市场意识和竞争意识,激发经营活力,提升企业整体价值创造能力和运行效率水平。在当前国资国企改革和市场化进程加快的大环境下,通过借鉴内部市场模式,让企业回归经营本源,积极适应经济形势和市场变革,全力提质增效,形成经营创造价值、价值推动发展、发展带来效益的良性循环。

第七章
总结与展望

内部市场化管理作为企业主动适应激烈市场竞争的必然产物，是企业实现提质增效、增强活力、降低成本的必由之路。国网安徽省电力有限公司顺应市场化发展潮流，推进"内部五级市场"化建设，取得明显效果，为国有大型企业实施科学的市场化管理探索出了一条崭新道路，具有一定的借鉴意义。

第一节 "内部五级市场"建设总结

国网安徽省电力有限公司内部市场化管理体系按照分层分步推进的建设思路，搭建纵向五级内部市场（横亘"投资建设""生产运行""营销服务""运营管理"四大经营板块，量化"经营效益""管理效率""发展质量"三个维度），配套"业绩考核＋薪酬奖励＋资源配置"等激励措施，建立内部市场化提质增效长效机制，通过建设"内部五级市场"化数字平台，分层分步、迭代优化推进"内部五级市场"建设，实现"内部五级市场"常态化、数字化运行。

第一，构建五级内部市场。国网安徽省电力有限公司将市、县两级经营主体，分解为"供电地区→市县单位→业务条线→中心站所→班组岗位"五级主体，并分别设置"市公司领导班子→县公司领导班子→部门负责人→中心站所负责人→设备主人（台区经理）"五级质效责任人，明确"组织与人员"对位关系，落实各级市场主体质效管理责任，提高公司发展活力。

第二，建设四大经营板块。国网安徽省电力有限公司紧扣电网生产经营特点，立足价值管理全覆盖，将供电企业"建运营管"等核心价值创造活动划分为"投资建设""生产运行""营销服务""运营管理"四大经营板块，并进一步细分为"输变营配调"等十个业务条线，采用模拟交易方式，分别量化电网各环节、各业务的价值创造，明确"业务与质效"关联关系，实现各类业务主体的质效贡献同质可比。

第三，量化三个评价维度。国网安徽省电力有限公司将五级主体与四大板块交织，形成经营单元。结合管理职责、业务属性，梳理"组织人员与业务活动""业务活动与质效责任"的映射关系，形成"组织－人员－业务－质效"四要素交织网格化的价值矩阵，质效管理责任直接定位至具体业务、具体责任人。

第四，配套三个激励措施。国网安徽省电力有限公司通过内部五级市场实现优化资源配置，精准成本预算核定，并同步构建起"业绩＋薪酬"的模式，将1－3级内部模拟市场质效评价结果与企业负责人业绩评价、领导班子成员年薪挂钩，核定企业负责人年度经营效益奖；将4－5级内部模拟市场质效评价结果与各业务条线员工工资挂钩，引导员工树立"花钱算账、花钱算分"意识。

第五，建设市场化数字平台。国网安徽省电力有限公司基于"一平台、多场景、微应用"总体框架，搭建市场运行多维展示场景，全方位、多视角展示市场运行状况、评价结果和应用结果。在指标的展示方面，实现层层穿透，数据追根溯源，能够及时帮助各单位查找短板，发现问题，分析动因。

第二节　"内部五级市场"建设展望

电网企业代表国家管理和运营庞大的输变电体系，主要的目标是社会责任，为经济社会可持续发展提供电力保障，不是企业本身的利润最大化。但是电网企业在履行其社会职责的同时要全面调动广大员工的积极性，推进精益化内部管理，防范管理漏洞。因此，内部市场化精益管理未来可以在以下三个方面进行拓展和延伸。

第一，拓展内部市场化管理宽度。国网安徽省电力有限公司的内部市场化管理目前覆盖供电所、输电、变电和计量业务等四大业务线，根据现在的电网企业的业务需求，内部市场化管理最需要拓展的领域是投资业务和配网业务。电网重大项目投资，有效带动产业链上下游企业共享发展，促进能源发展低碳转型，支撑国家战略有效实施，将为国民经济高质量发展注入更多"新动能"。对电网投资项目进行内部市场化管理，可以提高项目管理效能。安徽电网现有低压用电客户 3223.95 万户，有配电线路 1.49 万条、总长度 21.05 万千米。配网业务涉及规划、基建、运检、营销等多个专业，业务精益化执行、过程精准化管控难度大。利用数字化手段，实现配电网规划、设计、建设、运维一体化，围绕"少停电、快复电"目标，不断提升配电网运营服务能力。

第二，拓展内部市场化管理深度。国网安徽省电力有限公司的内部市场化管理在深度方面的拓展有两个维度：一是人的方面，二是物的方面。人的方面拓展最终落实到每个班组的每一位电网企业员工，人人头上有指标，人人责任可考核，目前考核到五级市场 13762 个客户经理，其他岗位的员工考核体系尚未建立，尤其是一些管理岗位；物的方面拓展延伸到每台设备，简单来说就是每个单位的每个台区的维修管理费尚未能精确核算。针对每台设备的全生命周期管理是未来我们内部市场化管理努力的方向。

第三，打通各专业数据链路。要实现内部市场化精益管理宽度和深度的拓展，必须打通各专业数据链路。电网企业在用管理系统有 100 余个，很多系统的数据没有实现互通互联，需要运用信息集成技术、区块链技术、数据自动校验技术实现与营销、调度多个系统的高度集成，打通数据壁垒、拓展业务链条、挖掘数据价值，最终实现结算业务全链路协同，交易数据全流域可信。基于业务关联部门多、数据机密性高、数据量大、种类多的特点，国网安徽省电力有限公司实现数据进行传输、溯源、保护，保证数据的隐私性、安全性、合法性、一致性和完整性，是未来内部市场化精益管理拓展的技术保障。

第三节　"内部五级市场"未来优化措施

历经三年的不懈努力，内部市场化管理体系逐步建成，并初具成效。总体来看，该体系实现了公司所有人员和业务的完全覆盖，基本完成量化质效工作，市场体系兼容性得到明显增强，企业数字化、智能化工作逐步推进。

随着内部市场化管理体系建设的不断推进，一些实施过程中的问题也逐渐暴露出来。主要有：新制度落地时间短，存在认可度不高，尚未达成共识的现象；考核指标难以选择，考核标准目标难以确定；考核涉及面较广，产生数据量较多，考核成本较高。未来国网安徽省电力有限公司推行内部市场化管理可以在如下方面进一步优化。

第一，提高认可程度，凝聚企业共识。内部市场化管理制度作为一种新的管理制度，推进过程中存在一定的困难。部分员工乃至公司领导对内部市场化管理存在概念不清晰、具体做法不明确的思想认识问题。这种现象的发生对于项目推进存在一定阻碍，直接影响通过内部市场化管理实现提质增效的质效，因此需要统一企业员工的思想，凝聚企业共识。首先，公司需要推进内部市场化宣传工作，在广大企业员工之间树立其对企业未来发展产生良好效益的观念。其次，公司可以开办多场内部市场化管理专项讲座，将内部市场化的概念、具体做法、意义等广而告之，凝聚员工的思想共识。最后，公司在推行试点内部市场化时应推选出优秀范例，在全公司内部进行经验交流，积极发挥示范引领作用，促进内部市场化管理的推进。

第二，细化考核标准，优化评价体系。内部市场化管理其中的一项重要内容就是构建内部市场管理评价体系，对所有员工进行考核。但在考核过程中，由于业务的复杂性，不可能做到所有业务项目都有相应的指标来衡量，选取的指标不能充分代表此项业务，导致员工绩效评价出现偏差。首先，公司需丰富目前的考核指标，将选取的指标进行细化，努力做到业务内容全覆盖，员工所完成的任务都能够被充分量化。其次，以往的指标不能够充分符合当前的业务发展，这就需要公司剔除一些不符合实际的指标，将更新的指标纳入其中。最后，针对各个指标所占权重进行科学设置。根据评价的结果进行充分研讨，学习和引入新的评价方法，优化评价体系。

第三，优化数据治理，降低考核成本。内部市场化管理由于五级市场主体的存在，并且包含公司的所有业务，这就会产生较多的数据。而这些数据都需要完成逐条的数据分析与整理，势必产生较大的考核成本。对此，公司首先推动各专业加强源端数据质量治理，夯实内部市场质效评价数据基础。其次，组织各专业部门明确各类型数据管理职责，以最小化系统改造为原则，在数据中台接入公司数据源，为各专业系统提供数据共享服务，充分发挥公司级数据中台数据资产价值。最后，公司应将搜集好的数据进行整体打包，交由专门的数据公司进行专业处理，提高考核结果产出效率。

第四节　"内部五级市场"保障措施

在国网安徽省电力有限公司内部市场的建设中，需要完善组织保障、人才保障、技术保障三个方面的建设。

第一，组织保障。内部市场化管理体系建立与推广实施是一项系统工程，需要强大的组织力来保障。一是建立起专门的内部市场化管理机构，纵向形成"金字塔"式的管理架构。将每级市场的工作人员和管理人员纳入其中，统一管理，不再单单依靠原本存在的组织架构。二是建立起专门的内部市场监督管理部门，安排专人对接各地市公司，出现问题实行快速报备，专人解决，不影响内部市场的运转。同时督促各级主体之间相互协作，提高内部市场运作效率。

第二，人才保障。首先，从集团内部筛选抽调出一批较熟悉集团各项业务的优秀专业运营业务骨干，组建起内部专业服务管控团队，协同集团内各系统开展全面精细化运营管理服务及管控专业化服务提升工作。其次，可以聘请专业的咨询团队，为项目推进落地问诊把脉。紧密结合公司实际情况，量化定制项目落实方案。最后，可以外派本公司人员到本行业内部市场化管理优秀公司进行学习，充分吸纳和借鉴其优秀经验，并结合自身实际，建立起符合自身需要的管理模式。

第三，技术保障。公司需要建立起专业的技术顾问团队，与信息公司合作开发专门的内部市场化程序，减少在考核过程中存在的工作量。同时构建顺畅的上下沟通体系，特别是项目的主要负责同志要重点加强考察调研，与基层员工多多交流，及时了解项目的推进情况。

附 件

附件1 各业务条线对应内容

四大板块	业务条线对应	主要内容
投资建设	业务—价值	考察公司的资产负债率水平和负债规模，以衡量投资建设中负债所占的比重。比重过大，需进行一定程度的削减，避免造成现金流周转困难。良好的负债结构有助于提高企业在生产经营中的运作效率
	组织—业务	发展部从发展质量的视角，从建设计划落地到项目落成，对项目利用率进行考核；建设部从管理效率的视角，评价公司新建项目的建设工作；经研所从经营效益的视角，针对项目建设过程中发生的经济支出进行全过程跟踪把控，达到"花钱问效"的目标。将公司不同组织的工作业务划分开，跳出以往部门的研判视角，从专业角度实现项目落地到运行过程的全方位评价
	人员—组织	通过管理项目员工，确保项目从开始到建成过程中所有工作有章可循，员工的工作量及工作效率等内容都能够被投资建设这一业务条线考核，形成人员与组织的对应关系
生产运行	业务—价值	生产运营中最重要的业务是输变电运检，需要消耗大量的人力物力成本。部分地区的电网处于山脉、峡谷中，检修维护成本和运检人工成本较高，在全部的生产运行成本中占据很大的比重。业务与价值的对应关系，充分反映了供电单位的主要业务构成和产生的价值关系

（续表）

四大板块	业务条线对应	主要内容
生产运行	组织—业务	设备部负责完善公司业务运行设备管理体系，做到全过程设备管理井然有序，减少不必要的成本。安全部负责公司生产运行中的安全生产与监督管理，减小生产事故发生频率，做到前期预防、中期有序处理、后期监督反思。输变配电运检室和变电运维室负责检修和维护输送线路、变电站等。运检室和运维室的存在能够保障公司的生产运行不受到较大的影响，用户的问题能够得到立刻解决。调控中心从整体上负责公司的输电、变电、配电的调配任务，并安排公司的检修运维工作，将富足地区的电力资源有效调配到贫乏地区，保障各个地区平稳有序发展。组织和业务的映射关系，形成了公司的生产运行业务与公司业务部门的相互对应
	人员—组织	主要指变电和线路人员这一部分。这些生产员工的存在是公司生产业务良好运行的基础。只有将这些一线人员纳入到考核体系当中，才能够良好地反映输变配业务实际运行情况，并有针对性地解决问题
营销服务	业务—价值	利润总额反映的是供电单位通过营销业务条线产生的利润水平。利润水平较高的地区在一定程度上可以认为客户营销业务的盈利水平较高。营业收入反映的是公司通过营销业务所能够最终产生的收入
	组织—业务	营销部主要负责的是公司营销服务的全部过程，包括电能表安装服务和客户经理管理等方面内容。计量部和电费室主要负责的是营销服务当中的电能表计量和电费的收取。只有准确地对电能表进行计量和收取电费，才能够准确地计算出公司的利润水平。市场客户室主要负责的是公司与客户之间的关系处理和客户经理管理。客户经理作为客户与公司之间的重要纽带，在公司营销业务中起主体作用。供电所和供电服务中心主要负责的是电力的稳定配送。电力的稳定配送直接影响客户对于公司营销服务的感受

（续表）

四大板块	业务条线对应	主要内容
营销服务	人员－组织	营销服务这一业务板块主要存在的人员关系是客户与客户经理、客户与供电所之间的关系。将与营销业务有关的所有工作人员都包含其中，将有助于售电工作的顺利开展，提高公司的营销业务水平
运营管理	业务－价值	利润总额反映的是供电单位通过投资建设、生产运行和营销服务产生的利润。公司的运营管理水平将影响到发展战略、经营目标的落实，解决问题的效率将影响到公司的运行效率，从而对公司的利润总额产生影响。成本消耗反映的是在公司实际生产经营当中所需要花费的运营支持、企业管理方面的人力成本和物力成本。良好的运营管理将降低此类成本的消耗，减少不必要的浪费，削减运营管理成本
	组织－业务	信通和物资主要负责的是公司运营管理阶段的信息通信、命令下发和生产经营物资的调配工作。只有实现良好的信息传递和物资划拨才能够实现公司生产效率的不断提高。人资部主要负责的是公司员工和质控责任人的管理考核，内部市场的建设初衷在于将所有的员工和质控责任人都纳入考核体系中。财务部和审计部主要负责的是公司日常生产经营过程中的价值管理及风险提示。党建主要负责的是公司党建工作及宣传工作，形成良好的工作氛围
	人员－组织	运营管理主要负责的是管理类员工方面。与运营管理业务有关的所有工作人员都包含其中，有助于工作的顺利开展，提高公司的运营管理水平

附件2 3级市场指标体系公式

板块	条线	指标名称	计算公式
投资建设 （15％）	投资建设	资产投资回报指数 （35％）	资产投资回报指数＝存量资产投资回报率×50％＋近三年新增资产投资回报率×50％ 存量资产投资回报率 $$=\frac{上年售电量×购销价差}{（当期固定资产原值－近三年新增资产投资）}$$ 近三年新增资产投资回报率 $$=\frac{（当年计算售电量－上年售电量）×购销价差}{近三年电网投资（实际转资金额）}$$
		有效资产形成率 （20％）	$$有效资产形成率=\frac{期末工程转资形成的固定资产原值}{A×90％－B}$$ A＝当年计划完工的资本性项目总投资计划 B＝当年计划完工的资本性项目截止上年末累计转资形成的固定资产原值 备注：对于累计投资计划占总投资计划不到90％的项目，若该类项目年内进行预转资的，分子应该剔除该类项目预转资金额，确保分子和分母匹配
		变电站设备容量利用率 （22.5％）	变电站设备容量利用率 $$=\frac{变电站输出电量/1000}{变电站额定容量×当年小时数}$$
		输电线路平均负载率 （22.5％）	输电线路平均负载率 $$=\frac{输电线路输入电量}{1.732×输电线路电压等级×输电线路最大允许电流×当年小时数}$$

（续表）

板块	条线	指标名称	计算公式
生产运行（40%）	输电运检	输电有效资产收益率（35%）	$输电有效资产收益率=\dfrac{输电线路内部利润}{输电线路资产原值}$
		万元输电资产运维费（20%）	万元输电资产运维费 $=\Big(输电业务人工成本+\dfrac{运检综合管理人工成本×平均输电资产原值}{平均输变配调资产原值}$ $+输电运检调整后可控成本-特高压资产运维成本$ $+\dfrac{运检综合管理可控成本×平均输电资产原值}{平均输变配调资产原值}\Big)/$ $\Big(\dfrac{平均输电资产原值}{10000}\Big)$ 输电业务成本＝输电业务人工成本＋输电业务可控成本
		百公里线路故障停运率（45%）	百公里线路故障停运率＝0.1×35千伏线路故障停运率＋0.2×110千伏线路故障停运率＋0.7×220千伏线路故障停运率 各电压等级线路故障停运率 $=\dfrac{运维相应电压等级线路故障停运次数}{运维相应电压等级线路百公里年数}$
	变电运检	变电有效资产收益率（35%）	$变电有效资产收益率=\dfrac{变电站内部利润}{变电站资产原值}$
		万元变电资产运维费（20%）	万元变电资产运维费 $=\Big(变电业务人工成本+\dfrac{运检综合管理人工成本×平均变电资产原值}{平均输变配调资产原值}$ $+变电业务调整后可控成本$ $+\dfrac{运检综合管理可控成本×平均变电资产原值}{平均输变配调资产原值}\Big)/$ $\Big(\dfrac{平均变电资产原值}{10000}\Big)$ 输电业务成本＝输电业务人工成本＋输电业务可控成本
		单台变压器平均故障次数（45%）	$设备故障率=\dfrac{运维变压器故障停运次数}{运维变压器台数}$

（续表）

板块	条线	指标名称	计算公式
生产运行（40%）	配电运检	配电有效资产收益率（35%）	配电有效资产收益率 $=\Big($全省供电单位电网原资产毛利率×平均配电资产原值 $-$当年配电资产折旧费$-$配电运检人工成本$-\dfrac{运检综合管理人工成本×平均配电资产原值}{平均输变配调资产原值-平均超特高压资产原值}$ $-$配电运检调整后可控成本 $-\dfrac{运检综合管理可控成本×平均配电资产原值}{平均输变配调资产原值-平均超特高压资产原值}\Big)/$平均配电资产原值
		万元配电资产运维费（20%）	万元配电资产运维 $=\Big($配电业务人工成本 $+\dfrac{运检综合管理人工成本×平均配电资产原值}{平均输变配调资产原值}$ $+$配电运检调整后可控成本 $+\dfrac{运检综合管理可控成本×平均配电资产原值}{平均输变配调资产原值}\Big)/$ $\Big(\dfrac{平均配电资产原值}{10000}\Big)$
		用户平均故障停电时长（35%）	用户平均故障停电时长 $=\dfrac{故障停电时长户数}{统计期间等效用户数}$
		10kV分线线损达标率（10%）	10kV分线线损达标率 $=\dfrac{10kV达标线路总数}{10kV线路总数}$
	运检综合	电网有效资产收益率（35%）	电网有效资产收益率 $=$ [全省供电单位电网原资产毛利率×（平均输变配调资产原值$-$平均超特高压资产原值）$-$（当年输变配调资产折旧费$-$超特高压资产折旧）$-$输变配调及运检综合人工成本$-$输变配调及运检综合可控成本]／（平均输变配调资产原值$-$平均超特高压资产原值）
		万元电网资产运检综合管理成本（20%）	万元电网资产运检综合管理成本 $=\dfrac{运检综合管理人工成本+运检综合管理可控费用}{平均输变配调资产期末原值/10000}$
		运检类万户投诉率（45%）	运检类万户投诉率 $=\dfrac{运检类投诉工单数量}{平均电力户数/10000}$

（续表）

板块	条线	指标名称	计算公式
	调度通信	万元调度通信资产运维费（20%）	万元调度通信资产运维费 $=\Big($调度通信业务人工成本 $+\dfrac{运检综合管理人工成本\times平均调度通信资产原值}{平均输变配调资产原值}$ $+$调度通信业务可控成本 $+\dfrac{运检综合管理可控成本\times平均调度通信资产原值}{平均输变配调资产原值}\Big)/$ $\Big(\dfrac{平均调度通信资产原值}{10000}\Big)$
		调度通信有效资产收益率（35%）	调度通信有效资产收益率＝〔全省供电单位电网原资产毛利率×平均调度通信资产原值－当年调度通信资产折旧费－调度通信运检人工成本－运检综合管理人工成本×平均调度通信资产原值／（平均输变配调资产原值－平均超特高压资产原值）－调度通信运检可控成本－运检综合管理可控成本×平均调度通信资产原值／（平均输变配调资产原值－平均超特高压资产原值）〕／平均调度通信资产原值
		电力监控系统网络安全防护指数（45%）	电力监控系统网络安全防护指数暂时默认均100%
营销服务（30%）	电能计量	单位计量成本利润率（35%）	单位计量成本利润率 $=\dfrac{计量内部模拟利润}{电能计量人工成本＋电能计量可控成本}$
		户均计量成本（20%）	户均计量成本 $=\dfrac{电能计量人工成本＋电能计量可控成本}{平均电力户数}$
		计量资产管理效能指数（25%）	计量资产管理效能指数＝电能表需求计划报送准确率×35%＋（1－电能表领出未装超期率）×35%＋8年内电能表拆回利旧率×30%
		用电信息采集管理指数（20%）	用电信息采集管理指数＝采集接入率×10%＋采集成功率×80%＋计量装置异常处理及时率×10%

（续表）

板块	条线	指标名称	计算公式
营销服务（30%）	客户服务	度电利润（35%）	$度电利润 = \dfrac{内部市场利润}{售电量}$
		单位业务承载客户服务成本（20%）	单位业务承载客户服务成本 $= \dfrac{客户服务四项业务活动（人工成本＋可控费用）}{业务承载量指数}$
		营销类万户投诉率（45%）	$营销类万户投诉率 = \dfrac{营销类投诉工单数量}{平均电力用户数/10000}$
	营销综合	度电毛利（35%）	$度电毛利 = \left[\dfrac{全省购售电毛利}{全省当年售电量×10000} × 各单位售电量 － 营销六项业务活动（人工成本＋可控费用）\right]/各单位售电量；$ 全省购售电毛利 ＝（全省当年售电量×售电均价－全省当年购电量×购电均价）； 售电均价 $= \dfrac{（全省上年售电收入＋全省上年农维费收入）}{（全省上年售电量×10000）}；$ 购电均价 $= \dfrac{全省上年购电成本}{（全省上年购电量×10000）}$
		户均营销综合管理成本（10%）	户均营销综合管理成本 $= \dfrac{营销综合管理（人工成本＋可控费用）}{平均电力用户数}$
		台区综合线损率（45%）	台区综合线损率 $= \dfrac{（当年台区供电量－当年台区售电量）}{当年台区供电量}$，其中负损台区不纳入统计
		当月电费缴纳率（10%）	$当月电费缴纳率 = \dfrac{（发行电费收入－应收账款余额）}{发行电费收入}$

（续表）

板块	条线	指标名称	计算公式
运营管理 （15%）	运营 管理	人均利润贡献 （35%）	人均利润贡献 $= \dfrac{\text{内部市场利润}/10000}{\text{员工平均在岗人数}}$
		人均运营 管理可控成本 （20%）	人均运营管理可控成本 $= \dfrac{\text{运营支持、企业管理（人工成本＋可控费用）}/10000}{\text{平均运营管理在岗人数}}$
		依法经营 合规性 （45%）	依法经营合规性＝100%－违法违规事件个数×5%

参考文献

[1]周自强，王韵楚，颜拥，等．面向电网企业代理购电的行业精细化电价定价机制［J］．电力系统自动化，2023（22）：166－174．

[2]吕桂萍，徐皓，赵秀霞，等．A电网企业智能运营与财务管控创新实践［J］．财务与会计，2022（11）：55－58．

[3]李丹，吴江，林妮娜．基于不同业务特征构建内部模拟市场实践探索［J］．财务与会计，2022（4）：83－84．

[4]刘宏，卢佳雨，辛锐，等．基于CNN的企业业财数据融合机制研究——兼析电网企业案例［J］．价格理论与实践，2021（9）：128－132．

[5]毛育冬，娄欣轩，陈世剑，等．国家电网生产运营作业标准成本体系建设与应用［J］．财务与会计，2021（23）：20－22．

[6]樊建平，杜芳田，解武荣．神东煤炭价值创造型财务管理实践［J］．财务与会计，2021（21）：77－78．

[7]刘勇平，林江，褚旋，等．商业银行内部市场化与组织绩效的实证研究［J］．经济与管理，2021（5）：73－79．

[8]张波，蒋萍，潘好强．基于业财融合的国网江苏电力员工多维精益管理［J］．财务与会计，2021（17）：15－17．

[9]王婷，舒文泉．基于业财融合的国网江苏电力作业多维精益管理［J］．财务与会计，2021（17）：9－11．

[10]王飞，周峰华．基于业财融合的国网江苏电力设备多维精益管理［J］．财务与会计，2021（17）：12－14．

[11]张志朋．企业内部市场化定价机制及影响因素研究［J］．财会通讯，2021（14）：8－13．

[12]山西省管理会计专家团队入企服务课题五组．山煤集团成本精细化管理探索［J］．财务与会计，2019（12）：35－38．

[13]曾力．基于战略视角的电网企业成本精益管控对策［J］．财务与会计，

2018 (5)：68-70.

[14] 李兴东，李春华.煤矿企业内部市场合约化安全监管模式 [J].煤矿安全，2018 (5)：242-245.

[15] 王刚，吴磊，王琳璘.基于价值链视角的央企内部市场化管理体系构建 [J].财务与会计，2017 (21)：52-54.

[16] 魏永胜，张日晨.内部市场化视角下神东救护消防大队运营模式研究 [J].中国矿业，2016 (10)：18-22.

[17] 赵文汀.冀中股份内部市场化管理体系的实践 [J].财务与会计，2016 (2)：30-31.

[18] 侯小燕.煤炭企业内部市场化管理探讨 [J].会计之友，2013 (15)：28-30.

[19] 宋晓静.论煤炭企业内部市场化建设 [J].煤炭技术，2013 (4)：264-266.

[20] 李随东，林世友，施金四，等.以"三级多元价值贡献评价模型"为核心的多维绩效管理机制 [J].国企管理，2020 (2)：26-45.

[21] 甘超宏，乔卓君.阿米巴经营模式视角下日本航空再生路径探究 [J].中国市场，2019 (32)：86-87.

[22] 何葆全，梁岳.电网企业以价值为核心的内部市场化管理创新实践 [J].企业管理，2018 (A2)：424-425.

[23] 赵玉婷.电力科研企业内模市场收入成本核算方法 [J].湖南电力，2019 (4)：61-63.

[24] 李浩澜，何琬.大型企业内部市场化实践及对电力企业的启示 [J].中国电力企业管理，2017 (9)：63-65.

[25] 王志红.阿米巴经营模式在民营企业财务管理中的应用研究 [J].大众投资指南，2022 (6)：119-121.

[26] 何瑞，郑超.盈利负债双模拟经营管控机制构建 [J].企业管理，2019 (A1)：64-65.